あなたの予想と馬券を変える
革命競馬

すべてお見通し!

リンク馬券術

伊藤雨氷

リンク馬券術 サインの真相！ ──────────── 目次

リンク理論とは何か── 初めて読まれる方のために

リンク理論とは何か──初めて読まれる方のために　5

【逆番】で、より簡単に、よりよく当たるように　6

リンク理論の基本用語、約束事をマスターしよう！　6

第1章　見逃せないサインが、GIシーズンに降臨！ディープインパクトの残像

2024年春のGIの流れを読むと……　10

GIサインで甦るディープインパクトの偉業　13

お待ちかね！継続中のGIサイン　15

第2章　2024年秋華賞〜25年フェブラリーS GI【連対馬】的中予言

2024年10月13日	秋華賞	24
2024年10月20日	菊花賞	27
2024年10月27日	天皇賞（秋）	30
2024年11月10日	エリザベス女王杯	33
2024年11月17日	マイルCS	36
2024年11月24日	ジャパンC	39
2024年12月 1日	チャンピオンズC	42
2024年12月 8日	阪神JF	45
2024年12月15日	朝日杯FS	48
2024年12月21日	中山大障害	51
2024年12月22日	有馬記念	53
2024年12月28日	ホープフルS	57
2025年1回東京	フェブラリーS	60

第3章 2024年サウジアラビアRC〜阪神C
GⅡ・GⅢ【連対馬】的中予言

2024年10月5日	サウジアラビアRC	64
2024年10月6日	毎日王冠	66
2024年10月6日	京都大賞典	68
2024年10月14日	府中牝馬S	70
2024年10月19日	富士S	72
2024年10月26日	アルテミスS	74
2024年10月26日	スワンS	76
2024年11月2日	京王杯2歳S	78
2024年11月2日	ファンタジーS	80
2024年11月3日	アルゼンチン共和国杯	82
2024年11月3日	みやこS	84
2024年11月9日	武蔵野S	86
2024年11月9日	デイリー杯2歳S	88
2024年11月10日	福島記念	90
2024年11月16日	東京スポーツ杯2歳S	92
2024年11月23日	京都2歳S	94
2024年11月24日	京阪杯	96
2024年11月30日	ステイヤーズS	98
2024年11月30日	チャレンジC	100
2024年12月7日	中日新聞杯	102
2024年12月8日	カペラS	104
2024年12月14日	ターコイズS	106
2024年12月21日	阪神C	108

第4章 2025年中山金杯〜阪神大賞典
GⅡ・GⅢ【連対馬】的中予言

2025年1回中山	中山金杯	112
2025年1回京都	京都金杯	114
2025年1回中山	フェアリーS	116

2025 年 1 回京都	シンザン記念	118
2025 年 1 回中京	愛知杯	120
2025 年 1 回中山	京成杯	122
2025 年 1 回京都	日経新春杯	124
2025 年 1 回中山	AJCC	126
2025 年 1 回中京	東海S	128
2025 年 1 回東京	根岸S	130
2025 年 2 回京都	シルクロードS	132
2025 年 1 回東京	東京新聞杯	134
2025 年 2 回京都	きさらぎ賞	136
2025 年 1 回東京	クイーンC	138
2025 年 1 回東京	共同通信杯	140
2025 年 2 回京都	京都記念	142
2025 年 1 回東京	ダイヤモンドS	144
2025 年 2 回京都	京都牝馬S	146
2025 年 2 回小倉	小倉大賞典	148
2025 年 2 回中山	中山記念	150
2025 年 1 回阪神	阪急杯	152
2025 年 2 回中山	オーシャンS	154
2025 年 1 回阪神	チューリップ賞	156
2025 年 2 回中山	弥生賞	158
2025 年 2 回中山	中山牝馬S	160
2025 年 1 回阪神	フィリーズレビュー	162
2025 年 2 回中京	金鯱賞	164
2025 年 2 回中山	フラワーC	166
2025 年 2 回中京	ファルコンS	168
2025 年 2 回中山	スプリングS	170
2025 年 1 回阪神	阪神大賞典	172

読者プレゼントのお知らせ　174

装丁●橋元浩明（sowhat.Inc.）　本文 DTP ●オフィスモコナ　写真●野呂英成　馬柱●優馬
※名称、所属は一部を除いて 2024 年8月末日時点のものです。
※ 2025 年の日程は 24 年の開催をベースに掲載しています。正式な日程は 11 月頃のJRA発表でご確認ください。
※成績、配当、日程は必ず主催者発行のものと照合してください。
馬券は必ず自己責任において購入お願いいたします。

リンク理論とは何か――初めて読まれる方のために

　　　リンク理論とは、レース名や距離や施行日など、なんらかの共通項を持ったレースの１、２着馬の馬番が、数年〜10年以上に渡って例外なく連動している現象を解き明かした理論だ。『リンク馬券術』は、そのリンク理論を使った馬券作戦を紹介するものである。

　　何やら難しい話のように思うかもしれないが、本書で紹介する必勝法は、基本となる使用方法さえ理解すれば、誰にでも簡単に使える作戦だ。しかも数カ月〜１年後に行なわれるレースの１、２着馬を予告できてしまうスグレモノである。

　　初心者でも使えるやさしい作戦だが、的中する配当は上級者も唸らせる！　　この理論から浮上した馬番を軸にして流せば、読者の的中率は大幅にアップするし、現在ご愛用の作戦から見つけ出した馬を、リンク理論で浮上した馬たちに絡ませてみても、資金回収率は確実に上がる。

　　今まで出馬表を見た瞬間に切って捨てていた超人気薄も、自信を持って買える。リンク馬券術は、超万馬券も数点で狙い撃ちできるほどの破壊力を持っている。なぜならば、その馬の実力に関係ない次元で、馬番がリンクするからだ。

　　勘違いをされると困るので念のためにいっておくが、リンク馬券術は万馬券だけを狙う作戦ではない。9990円以下の中穴馬券も着実に的中実績を重ねている。つまり、この必勝法は高配当狙いのものではなく、解析した結果が穴馬を指すのか、人気馬を指すのかというだけなのである。

　　また本書では触れていないが、メインレースとして行なわれる重賞やオープン特別戦だけではなく、９Ｒや10Ｒに組まれる２勝クラス特別や３勝クラス特別にも十分対応できるので、ある程度慣れてきたら、ぜひこちらのほうにもチャレンジしていただきたい。

【逆番】で、より簡単に、よりよく当たるように

　【逆番】について最初に本を書いたのは、平成7年（1995年）の秋のこと。発表した当初は、仲間であるはずのサイン読みウラ読み派からも「わけのわからん作戦」「屁理屈」と中傷され続けた苦い思い出がある。

　これには心臓に毛が生えている（頭の毛は薄い）私でもさすがに堪えたが、数少ない理解者である編集者との出会いにより雑誌連載が叶い、誌上予告や会員向け予想の中で解説、連対馬番予告的中を重ねていくうちに、だんだんと理論の整合性、本命でも超高配当でも的確に馬番予告していくさま、その破壊力について理解されるようになった。

　こうした苦労の末に世に出た【逆番】も、今ではプロ、アマを問わず、多くの方々から《便利なツール》として支持されるようになり、書いた本人としては大変うれしく思っている。

　ただ、一方では20代の新たな競馬ファンには、リンク理論どころか、サイン読みという馬券術が世の中にあることすら知らない方が増えているのも事実。長い年月を重ねているので仕方のないところだろうが、サイン馬券を衰退させないために、後継者となり得る彼らにもこの馬券術を広めていかねばならない。

　そのためには小難しい理屈をこねるよりも、簡単でよく当たり、誰がやっても同じ答えが出せるように、もうひと皮剥く必要がある。これからの課題は、「より簡単にすること」、これに尽きると思う。私の本を読むのはこれが初めてという方は、次項からの基本用語の解説をどうぞ。

リンク理論の基本用語、約束事をマスターしよう！

　ではここで、リンク理論を解説していくうえでの約束事をまとめておこう。【逆番】をはじめとする用語の説明もしてある。作戦の使い方で迷ったときは、ここを開いていただきたい。

正　番…【正番】とは、1号馬からプラス方向（左へ）順に数えた数字を指す。いわゆる馬番のこと。

逆　番…【逆番】とは、大外馬からマイナス方向（右へ）順に数えた数字を指す。【正番】の反対数字。

正循環…正循環とは、【正番】の2周目以降の数字を指す。1号馬から数え大外に行き当たったら、再度1号馬へ戻ってプラス方向へ数え続けること。

逆循環…逆循環とは、【逆番】の2周目以降の数字を指す。正循環の反対数字。大外馬から数え1号馬に行き当たったら、再度大外馬に戻ってマイナス方向へ数えること。

　下の2023年の有馬記念を例に取ると、1着の⑤ドウデュースは【正5番】【正21番】【逆12番】【逆28番】に該当し、2着⑯スターズオンアースは【正16番】【正32番】【逆1番】【逆17番】に該当することになる。

	16	15	14	13	12	11	10	9	8	7	6	5	4	3	2	1	←[正　番]
	32	31	30	29	28	27	26	25	24	23	22	21	20	19	18	17	←[正循環]
[逆　番]→	1	2	3	4	5	6	7	8	9	10	11	12	13	14	15	16	
[逆循環]→	17	18	19	20	21	22	23	24	25	26	27	28	29	30	31	32	

　その他、私の元に寄せられる質問に対し、まとめて答えておこう。

Q：取り消し馬は削って数えるのか？

A：リンク理論では、出馬表に載った馬は、取り消し、発走除外などになっても、一切削らずに数えることとしている。

Q：取り消し馬の着順は？

A：取り消し、除外馬はビリとして扱うこと。もし同一レースで複数の取り消しが発生したときは、最も取り消し時刻の早いものをビリ馬とし、2番目をブービーとする。

Q：降着馬の着順は？

A：降着馬は入線順位ではなく、確定した着順を使う。

Q：落馬の着順は？

A：落馬もビリ扱いで構わない。もし同一レースで複数の落馬が発生したときは、五十音順位の後位の馬をビリとする。

Q：取り消し、除外、落馬が同じレースで起きたらどうすればよいか？

A：例えば9頭立てのレースで、以下のようなケースがあったとする。ちなみにレース結果は1着⑦番、2着②番、3着⑨番だった。

　　⑤番馬が前日に取り消し

　　⑥番馬が当日の朝に取り消し

　　③番馬が直前に発走除外

　　⑦番馬が外枠発走

　　①番馬と⑧番馬が相次いで落馬（⑧番馬よりも①番馬が五十音上位馬）

　　④番馬が斜行、1位入線後に4着降着

　メチャメチャなレースだが、この場合、⑦番馬は外枠発走以外に何も問題がないからそのまま1着。②番と⑨番も掲示板通りでいい。

　　1着⑦番　2着②番　3着⑨番

　そして4着以下が問題となる。

　　4着④番　5着①番　6着⑧番　7着③番

　　8着⑥番（ブービー）　9着⑤番（ビリ）

　以上のように扱っていただきたい。

第 1 章

見逃せないサインが、G-シーズンに降臨！

ディープインパクトの残像

2024年春のGⅠの流れを読むと……

　2024年春はすべてのGⅠで、異なる騎手が持ち回りで1着したことが話題になった。いつもなら1シーズンで何度も勝つルメさんや、川田騎手もみんな仲よく1勝ずつしかしていない。

　それを逆手に取って、人気馬に乗っていても、すでに1着済みの騎手をアタマはナシと決めつけ2着や3着に付けて、馬単や3連単を狙って大勝した馬券師もいる。

　カバーと右ページに掲載した的中画像は、単行本の読者に提供していただいたもの。ダービーの3連単で、皐月賞で勝っている戸崎騎手や、高松宮記念で勝った坂井騎手をヒモに据えて成功した馬券だ。

　さらに、彼の洞察の凄さは、すでに1着となった騎手だけではなかったところにある。

　次に挙げた24年上半期のGⅠを制した騎手と厩舎を見てほしい。

	騎手	厩舎
フェブラリーS	藤岡佑	武英
高松宮記念	坂井	池添
大阪杯	横山和	上村
桜花賞	モレイラ	国枝
皐月賞	戸崎	友道
天皇賞（春）	菱田	岡田
NHKマイルC	川田	高野
ヴィクトリアM	津村	高柳大
オークス	ルメール	木村
ダービー	横山典	安田
安田記念	マクドナルド	シャム
宝塚記念	菅原明	吉岡

　このように24年、そこまでGⅠ未勝利だった騎手と調教師の組んだ馬が1着となっている。

　騎手の持ち回りは話題になったが、調教師の持ち回りにまで注目し、仕分けていたのはさすが。これなら未勝利コンビを、1着付けで狙うことは十分可能だろう。

　続いている限りは、24年後半もGⅠ未勝利の騎手と未勝利の調教師のコンビは

ダービー３連単22万馬券を1000円的中、払戻229万9100円！

●2024年５月26日・東京11Rダービー（GⅠ、芝2400m）

1着 ⑤ダノンデサイル （9番人気）
2着 ⑮ジャスティンミラノ （1番人気）
3着 ⑬シンエンペラー （7番人気）
3連単＝22万9910円

払戻金額　2,299,100円

投票内容
（1）東京（日）11R　　　05→7頭→7頭
的中　3連単1着ながし　　各1,000円

第１章●GⅠシーズに降臨！ディープインパクトの残像　11

狙ってみたいと思うが、リーディング上位ジョッキーも大勢いるわけではないので、騎手での持ち回りはそう長くは続かないだろう。

　これは勘だが、24年春は未勝利だった武豊騎手が勝って、騎手の持ち回りパターンは一旦終了ではなかろうか。となると、有力馬なのに、24年GI未勝利調教師の馬の1着狙いが俄然、美味しくなってくる。馬単と3連単や、WIN5で狙ってみるのも面白い。

　ところで、そのダービーもそうだが、昨今のGIで馬券になった馬番を見て、ある共通点に気がつかないだろうか？

　以前の単行本でもふれているように、「金曜発売の主要GI」（クラシック、天皇賞、有馬記念）と「3歳GI」はもともと正逆05番と07番が強いのだが、24年の桜花賞以降、宝塚記念までは、すべてのGIで正逆05番か07番が馬券（連対）となっている。

　そして、正逆14番も相手として頻繁に稼働している。

　先のダービーの9番人気⑤ダノンデザイルも正05番. 逆14番で勝っているし、ヴィクトリアMの大穴⑨テンハッピーローズも逆07番で勝ち、相手も逆14番②フィアスプライドだった。

桜花賞	逆07番ステレンボッシュ	1着
皐月賞	逆07番コスモキュランダ	2着
天皇賞（春）	正05番ブローザホーン	2着
	逆05番テーオーロイヤル	1着
NHKマイルC	逆05番アスコリピチェーノ	2着
ヴィクトリアM	逆07番テンハッピーローズ	1着
オークス	正07番ステレンボッシュ	2着
	逆07番チェルヴィニア	1着
ダービー	正05番ダノンデザイル	1着
安田記念	正07番ロマンチックウォリアー	1着
	正05番ナミュール	2着
宝塚記念	逆05番ソールオリエンス	2着

　まったく競馬を知らない人でも、1番人気、または2番人気から、正逆05番07番に流すだけでGIの半分は自動的に当たってしまう。

　ちなみに、これらの数字の重用は24年に始まったことではなく、もう10年近く、ここぞというときには馬券になっていた。

ざっと 23 年にもふれると、皐月賞 05 番タスティエーラ 2 着、天皇賞（春）07
番ディープボンド 2 着、オークス逆 07 番ハーパー 2 着、ダービー 05 番ソールオ
リエンス 2 着、宝塚記念 05 番イクイノックス 1 着。

　さらに後半も、秋華賞 07 番マスクトディーヴァ 2 着、菊花賞 07 番タスティエー
ラ 2 着、天皇賞（秋）07 番イクイノックス 1 着、チャンピオンズＣ 07 番ウィル
ソンテソーロ 2 着、有馬記念 05 番ドゥデュース 1 着。……まあ、こんな感じで、
稀に不発も挟みながらも主要ＧＩではほとんど馬券に起用されている。

「管理なんてあり得ない。競馬はガチ！」を豪語する友人に、まあまあまあと無
理やりこの通りに買わせたら、一度で 20 万円近いプラスになり大喜び。今では、
この買い方を職場の人にも勧めているとか。

　やはり、競馬ファンは現金なものだ（笑）。

ＧＩサインで甦るディープインパクトの偉業

　そこで本題。

　このＧＩにおいての重要な数字「05 番、07 番、14 番」と聞いて、何かピンと
こないだろうか？

　そう、これはディープインパクトの三冠時の馬番だ。

2005 年　三冠馬番
皐月賞　　　正 14 番⑭ディープインパクト 1 着
ダービー　　正 05 番⑤ディープインパクト 1 着
菊花賞　　　正 07 番⑦ディープインパクト 1 着

　ディープインパクトは 19 年に 17 歳で亡くなったが、今後もＪＲＡの至宝であ
り続けることには変わりがない。

　これからも特に「金曜発売のＧＩ」では、正逆 05 番、07 番を大切にしていた
だきたい。

　そして、もうひとつ数字以外の残像は、自身の現役の産駒と、直仔であるキズ
ナ産駒の配置にある。

　24 年春のディープインパクト（ＤＩ）かキズナの産駒が出てきたＧＩでは、次
のような結果となっている。参考までに挙げておこう。

大阪杯　　　　　　　　12 番キラーアビリティ

第 1 章 ●ＧＩシーズに降臨！ディープインパクトの残像　　　13

	ＤＩ産駒	両隣馬で1着、3着
桜花賞	11番ライトバック	
	キズナ産駒	自身3着、隣馬1着
皐月賞	13番ジャスティンミラノ	
	キズナ産駒	自身1着、隣馬2着
天皇賞（春）	06番ディープボンド	
	キズナ産駒	自身3着、隣馬2着
ヴィクトリアＭ	02番フィアスプライド	
	ＤＩ産駒	自身2着
オークス	14番ライトバック	
	キズナ産駒	自身3着
ダービー	15番ジャスティンミラノ	
	キズナ産駒	自身2着
安田記念	06番ドーブネ	
	ＤＩ産駒	両隣馬で1着、2着
宝塚記念	02番ジャスティンパレス	
	ＤＩ産駒	隣馬3着
	11番ヤマニンサンパ	
	ＤＩ産駒	隣馬1着

　このように馬券に絡みまくっている。

　平日の段階で、登録馬にディープインパクト産駒かキズナ産駒がいないかをチェックしておこう。ディープインパクトは、今後どんどん自身の産駒が少なくなるので、キズナを後継者として据えたということかもしれない。

　ディープインパクトの三冠馬番と、産駒の位置を巧みに組み合わせた出馬表とレース結果。当たり前だが、とてもよく作り込まれていて、いつも感心させられる。

　そしてライバルの設定。

　ヒーローものの物語や興行というものは、次々と強いライバルを出現させることで、より面白くなってくる。

　ディープインパクトとキズナ親子のライバルとして、白羽の矢が立ったのが、エピファネイアだ。

　もともと「サイン種牡馬」として期待していたが、特に24年春はエピファネイア産駒が延べ6連対の大躍進。

大阪杯	14番エピファニー	隣馬3着

桜花賞	12番ステレンボッシュ	自身1着
天皇賞（春）	05番ブローザホーン	自身2着、隣馬3着
ヴィクトリアM	09番テンハッピーローズ	自身1着
オークス	07番ステレンボッシュ	自身2着
ダービー	05番ダノンデザイル	自身1着
宝塚記念	12番ブローザホーン	自身1着

（皐月賞とNHKマイルCは不発）

　このように、エピファネイア産駒は自身の好走が目立つが、いずれはディープインパクト産駒がそうであったように「隣馬」が台頭してくると思う。

　説明が長くなったが、正逆05番、07番と、ディープインパクトとキズナ産駒vsエピファネイア産駒の組み合わせで、秋番組も狙ってみていただきたい。

　特に、宝塚記念のようなディープインパクトかキズナ産駒とエピファネイア産駒の並んでいる箇所は大切に。

お待ちかね！継続中のGⅠサイン

　さて、ここからはいつものようにGⅠサインを書いていく……と、その前に各位にひとつ、お詫びとお願いがあります。

　巻末の「旬のサイン」郵送版の改定についてです。

　昨今の日本郵便の働き方改革の一環で、普通郵便の所要日数が大きく増え、今まで通りに発送しても、レースの翌日以降に届くことが頻発しています。

　レース後に届いても意味がないとのクレームが多数寄せられたため、普通郵便での発送を止め、速度が早く土日も配達、追跡機能も付いたレターパックライト（430円）に切り替えます。

　大変申し訳ありませんが、そういう事情ですので、今後、郵送希望の場合、は郵便代430円と必要経費130円の合計「560円分の切手と応募券」をお送りください。

　メール受信希望の場合は、今まで通り応募券とメールアドレスをお送りいただければ大丈夫です。期限等の詳細については、P175をご覧ください。

　さて、それでは仕切り直して、GⅠサインを書いていこう。

　今回は少しマニアックなパターンから。

　GⅠ獲りたきゃ、最終の菅原明騎手を探せ！

●GⅠは当日12Rの菅原明良騎手の馬番か、その隣馬番が3着以内

・桜花賞
　　福島 12 R菅原明⑧番　→　⑨番アスコリピチェーノ　　2着
・天皇賞（春）
　　京都 12 R菅原明⑭番　→　⑭番テーオーロイヤル　　　1着
・ＮＨＫマイルＣ
　　東京 12 R菅原明⑤番　→　⑥番ロジリオン　　　　　　3着
・ヴィクトリアM
　　東京 12 R菅原明⑩番　→　⑨番テンハッピーローズ　　1着
・オークス
　　東京 12 R菅原明⑭番　→　⑭番ライトバック　　　　　3着
・安田記念
　　東京 12 R菅原明⑨番　→　⑩番ソウルラッシュ　　　　3着
・宝塚記念
　　京都 12 R菅原明⑧番　→　⑨番ソールオリエンス　　　2着
　サイン騎手でも、○○隣馬という起点系だけでなく、前後レースや当日の最初
の騎乗馬番で教えるパターンも多い。もうひとり挙げると……。

●ＧＩ当日１ＲのＭ・デムーロ騎手の馬番か、その隣馬番が連対中
　１R　⑦番騎乗→阪神ＪＦ　　　　　⑦番アスコリピチェーノ　　1着
　１R　⑦番騎乗→フェブラリーＳ　　⑦番 ガイアフォース　　　2着
　１R　⑨番騎乗→桜花賞　　　　　　⑨番アスコリピチェーノ　　2着
　１R　⑫番騎乗→皐月賞　　　　　　⑫番 コスモキュランダ　　2着
　１R　⑥番騎乗→天皇賞春　　　　　⑤番ブローザホーン　　　　2着
　１R　⑯番騎乗→ダービー　　　　　⑮番ジャスティンミラノ　　2着
　１R　⑨番騎乗→宝塚記念　　　　　⑨番ソールオリエンス　　　2着
　この春はすべて２着。ＧＩ当日の１ＲでＭ・デムーロ騎手を探してみよう。

●「〜記念ＧＩ」は正逆 01 番か 09 番が３着以内
＜ 2022 年＞
高松宮記念　正 09 番ロータスランド　　　　2着
　　　　　　逆 09 番キルロード　　　　　　3着
安田記念　　正 09 番シュネルマイスター　　2着
宝塚記念　　逆 09 番ヒシイグアス　　　　　2着
有馬記念　　正 09 番イクイノックス　　　　1着
＜ 2023 年＞

高松宮記念　　正 01 番トゥラヴェスーラ　　3 着
安田記念　　　逆 01 番ソングライン　　　1 着
宝塚記念　　　正 09 番ジャスティンパレス　3 着
有馬記念　　　逆 01 番スターズオンアース　2 着
＜ 2024 年＞
高松宮記念　　逆 09 番ビクターザウィナー　3 着
安田記念　　　逆 09 番ソウルラッシュ　　　3 着
宝塚記念　　　正 09 番ソールオリエンス　　2 着

　22 年は 4 レースとも 09 番を起用。24 年も 3 連続で 09 番が馬券になっている。
　宝塚記念の場合、記念レースの 09 番、12R の菅原明騎手、1 R の M・デムーロ
騎手のパターンが重なっていた。

●グランプリＧＩは、正逆 12 番が 3 着以内
＜ 2021 年＞
宝塚記念　　逆 12 番　レイパパレ　　　　　3 着
有馬記念　　逆 12 番　ディープボンド　　　2 着
＜ 2022 年＞
宝塚記念　　逆 12 番　デアリングタクト　　3 着
有馬記念　　逆 12 番　ジェラルディーナ　　3 着
＜ 2023 年＞
宝塚記念　　逆 12 番　スルーセブンシーズ　2 着
有馬記念　　逆 12 番　ドウデュース　　　　1 着
＜ 2024 年＞
宝塚記念　　正 12 番　ブローザホーン　　　1 着

　6 連チャンで逆 12 番だったが、宝塚記念で初めて正 12 番を起用。この変化は、
ちょっと注意信号かもしれない。

●グランプリＧＩは 1 番人気の±2 枠が 3 着以内
＜ 2021 年＞
有馬記念　　－ 2 枠ディープボンド　　　　2 着
＜ 2022 年＞
宝塚記念　　＋ 2 枠デアリングタクト　　　3 着
有馬記念　　－ 2 枠ジェラルディーナ　　　3 着
＜ 2023 年＞
宝塚記念　　＋ 2 枠ジャスティンパレス　　3 着

有馬記念　－2枠ドゥデュース　　　　　1着
＜2024年＞
宝塚記念　＋2枠ソールオリエンス　　　2着
　24年宝塚記念も、1番人気4枠ドゥデュースの＋2枠である、6枠のソールオリエンスが2着に入った。

●グランプリは川田将雅騎手の±77馬、武豊騎手の±79馬、C・ルメール騎手の±84馬が3着以内
・川田将雅騎手の±77馬
21年・有馬記念　＋77馬エフフォーリア　　　1着
22年・宝塚記念　＋77馬ヒシイグアス　　　　2着
22年・有馬記念　－77馬ボルドグフーシュ　　2着
23年・宝塚記念　＋77馬スルーセブンシーズ　2着
23年・有馬記念　－77馬タイトルホルダー　　3着
24年・宝塚記念　＋77馬ブローザホーン　　　1着
・武豊騎手の±79馬
21年・有馬記念　＋79馬エフフォーリア　　　1着
22年・宝塚記念　－79馬タイトルホルダー　　1着
22年・有馬記念　＋79馬ボルドグフーシュ　　2着
23年・宝塚記念　＋79馬イクイノックス　　　1着
23年・有馬記念　＋79馬タイトルホルダー　　3着
24年・宝塚記念　－79馬ベラジオオペラ　　　3着
・C・ルメール騎手の±84馬
22年・宝塚記念　－84馬デアリングタクト　　3着
22年・有馬記念　－84馬ジェラルディーナ　　3着
23年・宝塚記念　－84馬スルーセブンシーズ　2着
23年・有馬記念　＋84馬タイトルホルダー　　3着
24年・宝塚記念　－84馬ソールオリエンス　　2着
　24年有馬記念や25年宝塚記念に「ルメ・川・武」のトリオが出てきたら、3人の起点を組み合わせて狙っていける。
　もちろん、2人でもひとりでも活用してほしい。

●東京GⅠは、正逆104番が3着以内
フェブラリーS　正104番　ペプチドナイル　　　1着
　　　　　　　　逆104番　セキフウ　　　　　　3着

ＮＨＫマイルＣ	正 104 番	アスコリピチェーノ	2 着
ヴィクトリアM	逆 104 番	フィアスプライド	2 着
オークス	正 104 番	ライトバック	3 着
ダービー	逆 104 番	ダノンデサイル	1 着
安田記念	逆 104 番	ナミュール	2 着

●京都ＧＩは、正逆 28 番か 31 番が 3 着以内

＜ 2019 年＞

菊花賞	逆 31 番	ヴェロックス	3 着
エリザベス女王杯	逆 31 番	クロコスミア	2 着
マイルＣS	正 31 番	ダノンプレミアム	2 着

＜ 2020 年＞

天皇賞（春）	正 28 番	フィエールマン	1 着
秋華賞	正 31 番	デアリングタクト	1 着
菊花賞	正 28 番	サトノフラッグ	3 着

＜ 2023 年＞

天皇賞（春）	逆 28 番	ディープボンド	2 着
秋華賞	逆 31 番	リバティアイランド	1 着
菊花賞	逆 28 番	タスティエーラ	2 着
エリザベス女王杯	正 31 番	ブレイディヴェーグ	1 着
マイルＣS	逆 28 番	ジャスティンカフェ	3 着
天皇賞（春）	逆 31 番	ディープボンド	3 着

＜ 2024 年＞

宝塚記念	逆 28 番	ブローザホーン	1 着
	逆 31 番	ソールオリエンス	2 着

　京都競馬場は、20 年秋〜 23 年春は改修工事で開催ナシ（ＧＩは阪神で代替）。また 24 年の宝塚記念は、阪神競馬場の改修工事で、京都施行。

●京都ＧＩで戸崎圭太騎手が騎乗したら、その± 25 馬が 3 着以内

18 年・秋華賞	＋ 25 馬	アーモンドアイ	1 着
18 年・菊花賞	＋ 25 馬	フィエールマン	1 着
18 年・マイルＣS	－ 25 馬	アルアイン	3 着
19 年・天皇賞（春）	－ 25 馬	パフォーマプロミス	3 着
19 年・秋華賞	＋ 25 馬	クロノジェネシス	1 着
20 年・菊花賞	－ 25 馬	コントレイル	1 着

第 1 章 ●ＧＩシーズに降臨！ディープインパクトの残像　　19

23 年・エリザベス女王杯　－25 馬ブレイディヴェーグ　　１着
24 年・宝塚記念　　　　　＋25 馬ソールオリエンス　　　２着

●ＧＩは馬名頭文字か末尾「ラ」馬か、その隣馬が３着以内
高松宮記念　シャンパンカラー　　隣馬ビクターザウィナー　３着
大阪杯　　　ベラジオオペラ　　　自身　　　　　　　　　　１着
桜花賞　　　ライトバック　　　　自身　　　　　　　　　　３着
皐月賞　　　シンエンペラー　　　隣馬ジャスティンミラノ　１着
天皇賞（春）タスティエーラ　　　隣馬ディープボンド　　　３着
Ｖマイル　　ライラック　　　　　隣馬フィアスプライド　　２着
オークス　　ライトバック　　　　自身　　　　　　　　　　３着
ダービー　　シンエンペラー　　　自身　　　　　　　　　　３着
宝塚記念　　ベラジオオペラ　　　自身　　　　　　　　　　３着
「ラー」も対象。

●ＧＩは前走２着馬の隣馬が３着以内
大阪杯　　　　　　キラーアビリティ　　　隣馬１着　隣馬３着
桜花賞　　　　　　セキトバイースト　　　隣馬２着　隣馬３着
皐月賞　　　　　　シンエンペラー　　　　隣馬１着
天皇賞春　　　　　ワープスピード　　　　隣馬２着
ＮＨＫマイルＣ　　ボンドガール　　　　　隣馬３着
ヴィクトリアＭ　　ナミュール　　　　　　隣馬１着
オークス　　　　　ホーエリート　　　　　隣馬２着
ダービー　　　　　コスモキュランダ　　　隣馬１着
安田記念　　　　　ドーブネ　　　　　　　隣馬１着　隣馬２着
宝塚記念　　　　　ローシャムパーク　　　隣馬２着

●古馬の芝ＧＩは正逆 02 番か 05 番が３着以内
＜ 2023 年＞
天皇賞（秋）　　　逆 05 番イクイノックス　　　１着
エリザベス女王杯　正 02 番ルージュエヴァイユ　２着
マイルＣＳ　　　　正 05 番ジャスティンカフェ　３着
ジャパンＣ　　　　正 02 番イクイノックス　　　１着
　　　　　　　　　逆 02 番スターズオンアース　３着
有馬記念　　　　　正 05 番ドゥデュース　　　　１着

＜ 2024 年＞

高松宮記念	正 02 番マックドール	1 着
大阪杯	正 02 番ローシャムパーク	2 着
天皇賞（春）	逆 05 番テーオーロイヤル	1 着
	正 05 番ブローザホーン	2 着
ヴィクトリアM	正 02 番フィアスプライド	2 着
安田記念	正 05 番ナミュール	2 着
宝塚記念	逆 02 番ブローザホーン	1 着
	逆 05 番ソールオリエンス	2 着

●関西の芝ＧⅠは、正逆 13 番か 28 番が 3 着以内

＜ 2023 年＞

高松宮記念	正 13 番ファストフォース	1 着
大阪杯	正 13 番ダノンザキッド	3 着
桜花賞	逆 28 番コナコースト	2 着
天皇賞（春）	逆 28 番ディープボンド	2 着
宝塚記念	逆 13 番イクイノックス	1 着
秋華賞	逆 13 番リバティアイランド	1 着
菊花賞	逆 28 番タスティエーラ	2 着
エリザベス女王杯	逆 13 番ハーパー	3 着
マイルＣＳ	逆 28 番ジャスティンカフェ	3 着
阪神ＪＦ	逆 13 番ステレンボッシュ	2 着
朝日ＦＳ	逆 13 番タガノエルピーダ	3 着

＜ 2024 年＞

高松宮記念	正 28 番ビクターザウィナー	3 着
大阪杯	正 13 番ルージュエヴァイユ	3 着
桜花賞	逆 28 番アスコリピチェーノ	2 着
天皇賞（春）	逆 13 番ディープボンド	3 着
宝塚記念	逆 28 番ブローザホーン	1 着

●金曜発売ＧⅠは正逆 05 番か 07 番が連対中

＜ 2023 年＞

有馬記念	正 05 番ドゥデュース	1 着

＜ 2024 年＞

桜花賞	逆 07 番ステレンボッシュ	1 着

皐月賞	逆07番コスモキュランダ	2着
天皇賞（春）	正05番ブローザホーン	2着
	逆05番テーオーロイヤル	1着
オークス	正07番ステレンボッシュ	2着
	逆07番チェルヴィニア	1着
ダービー	正05番ダノンデザイル	1着

●牝馬ＧＩはＣ・ルメール騎手が３着以内
＜2023年＞

ヴィクトリアＭ	スターズオンアース	3着
オークス	ハーパー	2着
秋華賞	ハーパー	3着
エリザベス女王杯	ブレイディヴェーグ	1着
阪神ＪＦ	ステレンボッシュ	2着

＜2024年＞

ヴィクトリアＭ	フィアスプライド	2着
オークス	チェルヴィニア	1着

　24年春で私が最も悔やんでいるのがヴィクトリアＭ。02番のルメさんはわかっているのだから、相手は黙ってＧＩの正逆05番か07番へ４点買うだけでよかったのだが……。

　しかも、逆07番のテンハッピーローズは唯一のエピファネイア産駒。馬連９万馬券。この02－09の１点だけでも強く買えたはず。

　逃がした魚が大きすぎて、眠れないほど悔しいのは久しぶりだった。

●芝2400ｍＧＩに岩田望来騎手が騎乗すると±20馬が３着以内

20年・ジャパンＣ	－20馬デアリングタクト	3着
21年・オークス	－20馬ハギノピリナ	3着
22年・ダービー	＋20馬アスクビクターモア	3着
23年・ダービー	＋20馬タスティエーラ	1着
24年・オークス	－20馬ステレンボッシュ	2着
23年・ダービー	＋20馬ダノンデサイル	1着

　他に「３歳ＧＩは坂井瑠星騎手の±52馬が連対中」「東京ＧＩは藤岡佑介騎手の±34馬が３着以内」も継続中。

第2章 2024年・秋華賞〜25年・フェブラリーS
GI【連対馬】的中予言

GI 秋華賞

2024年10月13日　京都芝2000m（3歳牝馬）

正逆 7番 14番

ターコイズS		秋華賞	
2019年【逆12番】2着	→	2020年【正12番】マジックキャッスル	2着
2020年【逆14番】1着	→	2021年【正14番】ファインルージュ	2着
2021年【逆8番】1着	→	2022年【正8番】ナミュール	2着
2022年【逆6番】1着	→	2023年【正6番】リバティアイランド	1着
2023年【逆7番】1着	➡	2024年【正逆7番、14番】	
【逆14番】2着			

2023年
秋華賞

1着⑥リバティアイランド　（1番人気）　　　馬連 560円

2着⑦マスクトディーヴァ　（3番人気）　　　3連複 1210円

3着②ハーパー　　　　　　（2番人気）　　　3連単 3240円

2024年10月13日
秋華賞

注目サイン！

オークス馬券圏内の馬が3着以内
なんと18年から6連勝中！

17年	モズカッチャン	3着	（オークス2着）
18年	アーモンドアイ	1着	（オークス1着）
19年	クロノジェネシス	1着	（オークス3着）
20年	デアリングタクト	1着	（オークス1着）
21年	アカイトリノムスメ	1着	（オークス2着）
22年	スタニングローズ	1着	（オークス2着）
23年	リバティアイランド	1着	（オークス1着）

オークス1着馬の隣枠が連対中
22年はワンツーで馬連990円

18年	6枠アーモンドアイ	＋1枠ミッキーチャーム	2着
20年	7枠デアリングタクト	－1枠アカイトリノムスメ	2着
21年	6枠ユーバーレーベン	＋1枠ファインルージュ	2着
22年	5枠スターズオンアース	－1枠スタニングローズ	1着
		－1枠ナミュール	2着
23年	3枠リバティアイランド	＋1枠マスクトディーヴァ	2着

※19年は該当馬の出走ナシ。

C・ルメール騎手か、その隣馬が3着以内
20年は10番人気シゲルピンクダイヤが3着激走！

16年	隣馬パールコード	2着
17年	自身ディアドラ	1着
18年	自身アーモンドアイ	1着
19年	隣馬シゲルピンクダイヤ	3着
20年	隣馬ソフトフルート	3着
21年	自身ファインルージュ	2着
22年	自身スターズオンアース	3着
23年	自身ハーパー	3着

2024年10月13日
秋華賞

注目サイン！

前走重賞３着馬か、その隣馬が３着以内
23年は隣馬のハーパーが２番人気３着

16 年	カイザーバル	（前走ローズS3着）	自身	3着
17 年	リスグラシュー	（前走ローズS3着）	自身	2着
18 年	ラテュロス	（前走ローズS3着）	隣馬カンタービレ	3着
19 年	カレンブーケドール	（前走紫苑S 3着）	自身	2着
20 年	オーマイダーリン	（前走ローズS3着）	隣馬デアリングタクト	1着
21 年	アールドヴィーヴル	（前走ローズS3着）	隣馬アンドヴァラナウト	3着
22 年	ナミュール	（前走オークス3着）	自身	2着
23 年	マラキナイア	（前走ローズS3着）	隣馬ハーパー	3着

松山弘平騎手の隣枠が３着以内
19年から５年連続で連対中！

15 年	＋１枠ミッキークイーン	1着
16 年	－１枠カイザーバル	3着
19 年	－１枠カレンブーケドール	2着
20 年	－１枠マジックキャッスル	2着
21 年	＋１枠アカイトリノムスメ	1着
22 年	＋１枠スタニングローズ	1着
23 年	－１枠マスクトディーヴァ	2着

※ 17、18年は同騎手の騎乗ナシ。他に「横山典弘騎手の隣枠が３着以内」「池添謙一騎手の±２枠が３着以内」も継続中。

前走１番人気馬か、その隣馬が連対中
23年はワンツーで馬連560円

17 年	ディアドラ	自身	1着
18 年	アーモンドアイ	自身	1着
19 年	カレンブーケドール	自身	2着
20 年	デアリングタクト	自身	1着
21 年	アナザーリリック	隣馬ファインルージュ	2着
22 年	スタニングローズ	自身	1着
		隣馬ナミュール	2着
23 年	リバティアイランド	自身	1着
		隣馬マスクトディーヴァ	2着

GI 菊花賞

2024年10月20日　京都芝3000m（3歳）

正逆 7番 10番

毎日杯		菊花賞		
2020年【逆3番】 1着	→	2020年【正3番】	コントレイル	1着
2021年【逆3番】 2着	→	2021年【正3番】	タイトルホルダー	1着
2022年【逆4番】 2着	→	2022年【正4番】	ボルドグフーシュ	2着
2023年【逆11番】 1着	→	2023年【逆11番】	タスティエーラ	2着
2024年【逆7番】 1着 　　　【逆10番】2着	➡	2024年【正逆7番、10番】		

2023年 菊花賞	1着⑰ドゥレッツア　　（4番人気）　　　馬連 1980円
	2着⑦タスティエーラ　（2番人気）　　　3連複 1570円
	3着⑭ソールオリエンス　（1番人気）　　　3連単 12380円

注目サイン！

2勝クラスを勝ったばかりの馬の隣馬が3着以内
22年は2番人気アスクビクターモアが優勝！

15年	ワンダーアツレッタ	隣馬リアルスティール	2着
16年	シュペルミエール	隣馬サトノダイヤモンド	1着
17年	ポポカテペトル	隣馬キセキ	1着
18年	アフリカンゴールド	隣馬エタリオウ	2着
19年	ホウオウサーベル	隣馬サトノルークス	2着
20年	アリストテレス	隣馬サトノフラッグ	3着
21年	ロードトゥフェイム	隣馬タイトルホルダー	1着
22年	ディナースタ	隣馬アスクビクターモア	1着
23年	リビアングラス	隣馬タスティエーラ	2着

前走1番人気馬か、その隣馬が連対中
近4年は自身が1着、アタマ候補にオススメ

15年	リアルスティール	自身	2着
16年	サトノダイヤモンド	自身	1着
17年	トリコロールブルー	隣馬クリンチャー	2着
18年	フィエールマン	自身	1着
19年	ホウオウサーベル	隣馬サトノルークス	2着
20年	コントレイル	自身	1着
21年	タイトルホルダー	自身	1着
22年	アスクビクターモア	自身	1着
23年	ドゥレッツァ	自身	1着

前走②番ゲート馬か、その隣馬が連対中
23年は4番人気ドゥレッツアが優勝！

18年	エタリオウ	自身	2着
19年	サトノルークス	自身	2着
20年	コントレイル	自身	1着
21年	アサマノイタズラ	隣馬タイトルホルダー	1着
22年	ボルドグフーシュ	自身	2着
23年	ショウナンバシット	隣馬ドゥレッツア	1着

2024年10月20日
菊花賞

注目サイン！

前走２着馬か、その隣馬が３着以内
21年は牝馬の６番人気ディヴァインラヴが３着に走る

19年	サトノルークス	自身	2着
20年	サトノフラッグ	自身	3着
21年	ノースザワールド	隣馬ディヴァインラヴ	3着
22年	アスクビクターモア	自身	1着
23年	トップナイフ	隣馬ドゥレッツア	1着

※15年から継続中。他に「前走３着馬か、その隣馬が３着以内」も継続中。

松山弘平騎手の±２馬が３着以内
今のところ１着ナシ、２、３着付けで

19年	＋２馬ヴェロックス	3着
20年	－２馬サトノフラッグ	3着
21年	＋２馬オーソクレース	2着
22年	－２馬ジャスティンパレス	3着
23年	＋２馬ソールオリエンス	3着

和田竜二騎手の隣馬が３着以内
23年は１番人気ソールオリエンスが３着

17年	－１馬キセキ	1着
18年	－１馬フィエールマン	1着
20年	＋１馬アリストテレス	2着
21年	－１馬ディヴァインラヴ	3着
23年	＋１馬ソールオリエンス	3着

※19、22年は同騎手の騎乗ナシ。

田辺裕信騎手の±３枠が３着以内
22年は自身騎乗のアスクビクターモアとワンツー

18年	＋３枠エタリオウ	2着
19年	＋３枠ワールドプレミア	1着
21年	－３枠ディヴァインラヴ	3着
22年	＋３枠ボルドグフーシュ	2着
23年	－３枠ドゥレッツア	1着

※20年は同騎手の騎乗ナシ。

GI 天皇賞（秋）

2024年10月27日　東京芝2000m（3歳上）

正逆 6番 15番

ファルコンS			天皇賞（秋）	
2020年【正6番】	1着 →	2020年【正6番】	フィエールマン	2着
2021年【正1番】	1着 →	2021年【正1番】	コントレイル	2着
2022年【正3番】	2着 →	2022年【正3番】	パンサラッサ	2着
2023年【正6番】	1着 →	2023年【正6番】	ジャスティンパレス	2着
2024年【正15番】	1着			
【正6番】	2着	→ ➡ 2024年【正逆6番、15番】		

2023年	1着⑦イクイノックス	（1番人気）	馬連 1330円
天皇賞	2着⑥ジャスティンパレス	（6番人気）	3連複 2180円
（秋）	3着⑨プログノーシス	（3番人気）	3連単 6960円

2024年10月27日
天皇賞(秋)

注目サイン！

正逆9番が3着以内
22年は1番人気イクイノックスが豪脚で優勝！

18年	正9番サングレーザー	2着
19年	正9番ダノンプレミアム	2着
20年	正9番アーモンドアイ	1着
21年	正9番グランアレグリア	3着
22年	逆9番イクノイックス	1着
23年	正9番プログノーシス	3着

正逆69番と412番が同時に3着以内
18年はワンツーで馬連1520円

18年	正69番レイデオロ	1着	正412番サングレーザー	2着
19年	正69番アエロリット	3着	逆412番アエロリット	3着
20年	正69番アーモンドアイ	1着	逆412番アーモンドアイ	1着
21年	正69番エフフォーリア	1着	逆412番エフフォーリア	1着
22年	逆69番イクイノックス	1着	正412番イクイノックス	1着
23年	逆69番プログノーシス	3着	逆412番イクイノックス	1着

武豊騎手の±49馬が3着以内
20年は名牝アーモンドアイが優勝！

16年	－49馬リアルスティール	2着
17年	＋49馬サトノクラウン	2着
18年	－49馬サングレーザー	2着
19年	＋49馬ダノンプレミアム	2着
20年	＋49馬アーモンドアイ	1着
23年	－49馬プログノーシス	3着

※ 21、22年は同騎手の騎乗ナシ。他に「武豊騎手の±95馬が3着以内」も継続中。また23年、ドウデュースは当日、他の馬に蹴られた武豊騎手から戸崎圭太騎手に乗り替わっているが、先に出馬表に載った騎手で見ること。

2024年10月27日
天皇賞(秋)

注目サイン！

C・ルメール騎手か、その隣馬が3着以内
近年はアーモンドアイ、イクイノックスで二度の連覇

16年	ラブリーデイ	隣馬ステファノス	3着
17年	ソウルスターリング	隣馬レインボーライン	3着
18年	レイデオロ	自身	1着
19年	アーモンドアイ	自身	1着
20年	アーモンドアイ	自身	1着
21年	グランアレグリア	自身	3着
22年	イクイノックス	自身	1着
23年	イクイノックス	自身	1着
		隣馬ジャスティンパレス	2着

前走1番人気馬が3着以内
驚異の1着率、これは人気でも逆らえない

15年	ラブリーデイ	1着
16年	モーリス	1着
17年	キタサンブラック	1着
18年	レイデオロ	1着
19年	アーモンドアイ	1着
20年	アーモンドアイ	1着
21年	エフフォーリア	1着
22年	ダノンベルーガ	3着
23年	イクイノックス	1着

M・デムーロ騎手の±53馬が3着以内
果たして24年は騎乗馬があるか

18年	－53馬レイデオロ	1着
19年	＋53馬アーモンドアイ	1着
20年	－53馬クロノジェネシス	3着
22年	＋53馬イクイノックス	1着

※ 21、23年は同騎手の騎乗ナシ。

GI エリザベス女王杯

2024年11月10日　京都芝2200m（3歳上牝馬）

福島牝馬S			エリザベス女王杯		
2020年【正6番】	2着	→	2020年【逆6番】	サラキア	2着
2021年【正5番】	2着	→	2021年【正5番】	ステラリア	2着
2022年【正13番】	2着	→	2022年【正13番】	ウインマリリン	2着
2023年【正2番】	2着	→	2023年【正2番】	ルージュエヴァイユ	2着
2024年【正2番】	1着	➡	2024年【正逆2番、9番】		
【正9番】	2着				

2023年	1着①ブレイディヴェーグ	（1番人気）	馬連 1580円
エリザベス	2着②ルージュエヴァイユ	（5番人気）	3連複 2910円
女王杯	3着③ハーパー	（3番人気）	3連単 9780円

第2章●GI【連対馬】的中予言～天皇賞(秋)／エリザベス女王杯　33

注目サイン！

正逆13番が3着以内
今のところ1着ナシ、やたら2着が多い

19年	逆13番クロコスミア	2着
20年	正13番サラキア	2着
21年	逆13番ステラリア	2着
22年	正13番ウインマリリン	2着
23年	逆13番ハーパー	3着

松山弘平騎手の±45馬が3着以内
23年は自身騎乗の5番人気ルージュエヴァイユが連対

20年	＋45馬ラヴズオンリーユー	3着
21年	＋45馬アカイイト	1着
22年	＋45馬ウインマリリン	2着
23年	＋45馬ルージュエヴァイユ	2着

前走重賞で3着した馬が3着以内
21年は9番人気クラヴェル3着で、3連単339万馬券！

17年	モズカッチャン	1着	（前走秋華賞3着）
	ミッキークイーン	3着	（前走宝塚記念3着）
18年	モズカッチャン	3着	（前走札幌記念3着）
19年	ラッキーライラック	1着	（前走府中牝馬S3着）
20年	ラッキーライラック	1着	（前走札幌記念3着）
21年	クラヴェル	3着	（前走新潟記念3着）
22年	ウインマリリン	2着	（前走札幌記念3着）
23年	ハーパー	3着	（前走秋華賞3着）

2024年11月10日
エリザベス女王杯

注目サイン！

C・ルメール騎手か、その±30馬が３着以内
近６年は連対、18、19年はクロコスミアが連続２着

14年	＋30馬ディアデラマドレ	3着
15年	自身タッチングスピーチ	3着
16年	±30馬シングウィズジョイ	2着
	自身シングウィズジョイ	2着
17年	－30馬クロコスミア	2着
	＋30馬ミッキークイーン	3着
18年	＋30馬クロコスミア	2着
19年	＋30馬クロコスミア	2着
20年	自身ラッキーライラック	1着
21年	－30馬ステラリア	2着
22年	－30馬ウインマリリン	2着
23年	自身ブレイディヴェーグ	1着
	±30馬ブレイディヴェーグ	1着

武豊騎手の±２枠が３着以内
21年は10番人気アカイイトが優勝、単勝6490円！

16年	－２枠クイーンズリング	1着
18年	－２枠モズカッチャン	3着
19年	－２枠クロコスミア	2着
20年	－２枠ラヴズオンリーユー	3着
21年	＋２枠アカイイト	1着
22年	－２枠ウインマリリン	2着
	－２枠ライラック	2着

※ 17、23年は同騎手の騎乗ナシ。

池添謙一騎手の±２馬が３着以内
22年は４番人気ジェラルディーナが優勝！

16年	－２馬クイーンズリング	1着
17年	＋２馬クロコスミア	2着
18年	＋２馬モズカッチャン	3着
19年	＋２馬ラッキーライラック	1着
21年	＋２馬アカイイト	1着
22年	＋２馬ジェラルディーナ	1着

※ 20、23年は同騎手の騎乗ナシ。他に「和田竜二騎手の隣枠が３着以内」も継続中。

GIマイルCS

2024年11月17日　京都芝1600m（3歳上）

正逆　7番　10番

オーシャンS		マイルCS	
2020年【正10番】2着	→	2020年【逆10番】インディチャンプ	2着
2021年【正3番】2着	→	2021年【正3番】シュネルマイスター	2着
2022年【正10番】2着	→	2022年【正10番】セリフォス	1着
2023年【正1番】2着	→	2023年【正1番】ソウルラッシュ	2着
2024年【正10番】1着　【正7番】2着	→	2024年【正逆7番、10番】	

2023年 マイルCS	1着⑯ナミュール　　（5番人気）	馬連 4440円
	2着①ソウルラッシュ　（3番人気）	3連複 30930円
	3着⑤ジャスティンカフェ（7番人気）	3連単 176490円

2024年11月17日
マイルＣＳ

注目サイン！

前走富士Ｓで５着以内の馬の隣馬が１着継続中
今のところ、富士Ｓの３、４、５着馬の隣から１着馬が出ている

18年	ペルシアンナイト	（富士S5着）	隣馬ステルヴィオ	1着
19年	レッドオルガ	（富士S3着）	隣馬インディチャンプ	1着
20年	ケイアイノーテック	（富士S3着）	隣馬グランアレグリア	1着
21年	ダノンザキッド	（富士S4着）	隣馬グランアレグリア	1着
22年	ピースオブエイト	（富士S4着）	隣馬セリフォス	1着
23年	イルーシヴパンサー	（富士S4着）	隣馬ナミュール	1着

岩田望来騎手の隣枠が３着以内
23年は３番人気ソウルラッシュが２着好走

19年	＋1枠	インディチャンプ	1着
21年	＋1枠	シュネルマイスター	2着
22年	＋1枠	セリフォス	1着
	－1枠	ソダシ	3着
23年	＋1枠	ソウルラッシュ	2着

※20年は同騎手の騎乗ナシ。

馬名頭文字か末尾「ト」馬か、その隣馬が３着以内
22年は８番人気ダノンザキッド２着で馬連万馬券！

16年	クラレント	隣馬ネオリアリズム	3着
17年	ペルシアンナイト	自身	1着
18年	ペルシアンナイト	自身	2着
19年	ペルシアンナイト	自身	3着
20年	メイケイダイハード	隣馬グランアレグリア	1着
21年	ダノンザキッド	自身	3着
22年	ダノンザキッド	自身	2着
23年	ビーアストニッシド	隣馬ソウルラッシュ	2着

※「ド」も対象。

2024年11月17日
マイルCS

注目サイン！

２番人気か、３番人気馬が３着以内
意外に美味しい、逆らわずに拾っておこう！

18 年	３番人気ペルシアンナイト	2着
19 年	３番人気インディチャンプ	1着
20 年	３番人気インディチャンプ	2着
21 年	２番人気シュネルマイスター	2着
22 年	２番人気ソダシ	3着
23 年	３番人気ソウルラッシュ	2着

※ 13 年から継続中。

外国人騎手が３着以内
たいがいが人気だが、彼らには逆らえない

19 年	O・マーフィー	3着
20 年	C・ルメール	1着
21 年	C・ルメール	1着
22 年	D・レーン	1着
23 年	J・モレイラ	2着

※ 15 年から継続中。

前走②番ゲート馬か、その隣馬が３着以内
21年は断トツ人気のグランアレグリアが順当勝ち

18 年	ケイアイノーテック	隣馬ステルヴィオ	1着
19 年	レッドオルガ	隣馬インディチャンプ	1着
20 年	アドマイヤマーズ	自身	3着
21 年	カテドラル	隣馬グランアレグリア	1着
22 年	ソダシ	自身	3着
23 年	ソウルラッシュ	自身	2着

北村友一騎手の±３枠が３着以内
23年は５番人気ナミュールが外からブチ抜く！

17 年	－３枠ペルシアンナイト	1着
18 年	＋３枠アルアイン	3着
20 年	＋３枠インディチャンプ	2着
22 年	＋３枠セリフォス	1着
23 年	－３枠ナミュール	1着

※ 19、21 年は同騎手の騎乗ナシ。

GⅠ ジャパンC

2024年11月24日　東京芝2400m（3歳上）

正逆 10番 14番

ニュージーランドT	ジャパンC
2020年【逆6番】　1着 →	2020年【正6番】コントレイル　2着
2021年【逆2番】　2着 →	2021年【正2番】コントレイル　1着
2022年【逆6番】　1着 →	2022年【正6番】ヴェラアズール　1着
2023年【逆2番】　2着 →	2023年【正2番】イクイノックス　1着
2024年【逆10番】1着　　【逆14番】2着	➡ 2024年【正逆10番、14番】

2023年 ジャパンC	1着②イクイノックス　　（1番人気）　馬連 180円
	2着①リバティアイランド　（2番人気）　3連複 600円
	3着⑰スターズオンアース（5番人気）　3連単 1130円

第2章●GⅠ【連対馬】的中予言〜マイルCS／ジャパンC　39

注目サイン！

１枠か２枠が３着以内
17年はワンツーで馬連1770円

16年	1枠キタサンブラック	1着
17年	1枠シュヴァルグラン	1着
	1枠レイデオロ	2着
18年	1枠アーモンドアイ	1着
19年	1枠カレンブーケドール	2着
20年	2枠アーモンドアイ	1着
21年	1枠コントレイル	1着
22年	2枠ヴェルトライゼンデ	3着
23年	1枠リバティアイランド	2着
	1枠イクイノックス	1着

１番人気馬の±18馬が３着以内
23年は重複したイクイノックスが圧勝！

18年	アーモンドアイ	－18馬スワーヴリチャード	3着
19年	レイデオロ	－18馬スワーヴリチャード	1着
20年	アーモンドアイ	＋18馬デアリングタクト	3着
21年	コントレイル	±18馬コントレイル	1着
22年	シャフリヤール	±18馬シャフリヤール	2着
23年	イクイノックス	±18馬イクイノックス	1着

前年のＣ・ルメール騎手の馬番か、その隣馬が３着以内
24年は①、②、③番が候補となる

18年	前年ルメール②番	→	①番アーモンドアイ　　　1着
19年	前年ルメール①番	→	①番スワーヴリチャード　2着
20年	前年ルメール④番	→	⑤番デアリングタクト　　3着
21年	前年ルメール②番	→	②番オーソリティ　　　　2着
22年	前年ルメール⑦番	→	⑥番ヴェラアズール　　　1着
23年	前年ルメール②番	→	②番イクイノックス　　　1着
24年	前年ルメール②番	→	②番か、その隣馬（①番、③番）が候補

※他に「Ｃ・ルメール騎手か、その隣馬が３着以内」も継続中。

2024年11月24日
ジャパンC

注目サイン！

オークス馬かダービー馬が3着以内
当年のオークス、ダービーとは限らないのがミソ

17年	レイデオロ	2着
18年	アーモンドアイ	1着
19年	ワグネリアン	3着
20年	アーモンドアイ	1着
21年	コントレイル	1着
22年	シャフリヤール	2着
23年	リバティアイランド	2着

前走3着馬か、その隣馬が3着以内
23年は5番人気スターズオンアースが健闘の3着

17年	シュヴァルグラン	自身	1着
18年	キセキ	自身	2着
20年	ワールドプレミア	隣馬アーモンドアイ	1着
21年	キセキ	隣馬シャフリヤール	3着
22年	ダノンベルーガ	隣馬シャフリヤール	2着
23年	スターズオンアース	自身	3着

※19年は該当馬の出走ナシ。他に「前走1着馬か、その隣馬が3着以内」も継続中。

武豊騎手の±32馬が3着以内
22年は3番人気ヴェラアズールが優勝！

20年	＋32馬デアリングタクト	3着
21年	－32馬シャフリヤール	3着
22年	＋32馬ヴェラアズール	1着

※17年から継続中。23年は同騎手の騎乗ナシ。

M・デムーロ騎手の±2枠が3着以内
21年はコントレイルが有終の美を飾る

18年	＋2枠アーモンドアイ	1着
19年	＋2枠カレンブーケドール	2着
20年	－2枠デアリングタクト	3着
21年	＋2枠コントレイル	1着
22年	＋2枠ヴェルトライゼンデ	3着
23年	＋2枠イクイノックス	1着

GI チャンピオンズC

2024年12月1日　中京ダ1800m（3歳上）

正逆 6番 7番

天皇賞（秋）	チャンピオンズC
2019年【正2番】1着 →	2020年【正2番】ゴールドドリーム　2着
2020年【正6番】2着 →	2021年【正6番】テーオーケインズ　1着
2021年【正5番】1着 →	2022年【正5番】ジュンライトボルト　1着
2022年【正7番】1着 →	2023年【正7番】ウィルソンテソーロ　2着
2023年【正7番】1着 　　　【正6番】2着	➡ 2024年　【正逆6番、7番】

2023年	1着⑮レモンポップ	（1番人気）	馬連 29040円
チャンピオ	2着⑦ウィルソンテソーロ	（12番人気）	3連複 469320円
ンズC	3着⑤ドゥラエレーデ	（9番人気）	3連単 1902720円

2024年12月1日
チャンピオンズC

注目サイン！

前走南部杯か、JBCクラシック出走馬が連対中
そのレースの5着以内の馬を狙おう！

16年	サウンドトゥルー	1着	（前走JBCクラシック3着）
17年	ゴールドドリーム	1着	（前走南部杯5着）
18年	ルヴァンスレーヴ	1着	（前走南部杯1着）
19年	ゴールドドリーム	2着	（前走南部杯3着）
20年	チュウワウィザード	1着	（前走JBCクラシック3着）
21年	テーオーケインズ	1着	（前走JBCクラシック4着）
	チュウワウィザード	2着	（前走JBCクラシック3着）
22年	クラウンプライド	2着	（前走JBCクラシック2着）
23年	レモンポップ	1着	（前走南部杯1着）
	ウィルソンテソーロ	2着	（前走JBCクラシック5着）

前走4着馬の±2馬が連対中
ありがたい！20年以外は1着指名

17年	アウォーディー	－2馬ゴールドドリーム	1着
18年	アポロケンタッキー	－2馬ルヴァンスレーヴ	1着
20年	エアアルマス	－2馬ゴールドドリーム	2着
21年	インティ	＋2馬テーオーケインズ	1着
22年	ハピ	＋2馬ジュンライトボルト	1着
23年	メイショウハリオ	－2馬レモンポップ	1着

※19年は該当馬の出走ナシ。

松若風馬騎手の±3馬が連対中
23年は12番人気ウィルソンテソーロ2着で馬連2万馬券！

16年	＋3馬アウォーディー	2着
20年	＋3馬チュウワウィザード	1着
21年	＋3馬テーオーケインズ	1着
22年	－3馬ジュンライトボルト	1着
23年	－3馬ウィルソンテソーロ	2着

※17～19年は同騎手の騎乗ナシ。

2024年12月1日
チャンピオンズC

注目サイン！

松山弘平騎手の±3枠が3着以内
23年は1番人気レモンポップが堂々の優勝

15年	＋3枠ノンコノユメ	2着
17年	＋3枠ゴールドドリーム	1着
18年	＋3枠ルヴァンスレーヴ	1着
20年	－3枠インティ	3着
21年	＋3枠アナザートゥルース	3着
22年	－3枠ジュンライトボルト	1着
23年	－3枠レモンポップ	1着

※16、19年は同騎手の騎乗ナシ。

正逆11番か12番が3着以内
23年は9番人気ドゥラエレーデが3着激走！3連単190万馬券

18年	正12番ウェスタールンド	2着
19年	逆12番クリソベリル	1着
	正11番ゴールドドリーム	2着
20年	正11番チュウワウィザード	1着
21年	逆11番テーオーケインズ	1着
22年	逆12番ジュンライトボルト	1着
23年	逆11番ドゥラエレーデ	3着

幸英明騎手の±2枠が3着以内
22年は3番人気ジュンライトボルトが優勝！

14年	－2枠ナムラビクター	2着
	＋2枠ローマンレジェンド	3着
15年	＋2枠ノンコノユメ	2着
	＋2枠サウンドトゥルー	3着
16年	－2枠サウンドトゥルー	1着
19年	－2枠ゴールドドリーム	2着
	＋2枠インティ	3着
21年	＋2枠アナザートゥルース	3着
22年	＋2枠ジュンライトボルト	1着
23年	＋2枠ドゥラエレーデ	3着

※17、18、20年は同騎手の騎乗ナシ。他に「横山典弘騎手の±14馬が3着以内」も継続中。

GI 阪神JF

2024年12月8日　京都芝1600m（2歳牝馬）

阪神大賞典		阪神JF		
2020年【逆7番】 2着	→	2020年【正7番】	サトノレイナス	2着
2021年【逆8番】 1着	→	2021年【逆8番】	ラブリイユアアイズ	2着
2022年【逆3番】 1着	→	2022年【正3番】	シンリョクカ	2着
2023年【逆12番】1着	→	2023年【逆12番】	アスコリピチェーノ	1着
2024年【逆10番】1着	➡	2024年【正逆7番、10番】		
【逆7番】 2着				

2023年 阪神JF	1着⑦アスコリピチェーノ（3番人気）	馬連 2330円
	2着⑥ステレンボッシュ　（5番人気）	3連複 3680円
	3着⑩コラソンビート　　（2番人気）	3連単 21530円

注目サイン！

正逆13番が3着以内
22年は10番人気ドゥアイズが3着激走！3連単17万馬券

18年	正13番ダノンファンタジー	1着
19年	逆13番レシステンシア	1着
20年	逆13番ソダシ	2着
21年	正13番ウォーターナビレラ	3着
22年	正13番ドゥアイズ	3着
23年	逆13番ステレンボッシュ	2着

正逆24番が3着以内
23年は5番人気ステレンボッシュ2着、馬連2330円

18年	逆24番ダノンファンタジー	1着
19年	逆24番マルターズディオサ	2着
20年	正24番ソダシ	2着
21年	逆24番ウォーターナビレラ	3着
22年	逆24番ドゥアイズ	3着
23年	正24番ステレンボッシュ	2着

馬名頭文字か末尾「ア」馬か、その隣馬が連対中
23年は3番人気アスコリピチェーノが優勝！

19年	レシステンシア	自身	1着
20年	サルビア	隣馬ソダシ	1着
21年	アネゴハダ	隣馬ラブリイユアアイズ	2着
		隣馬ウォーターナビレラ	3着
22年	アロマデローサ	隣馬シンリョクカ	2着
23年	アスコリピチェーノ	自身	1着
		隣馬ステレンボッシュ	2着

ファンタジーS1着馬の−3馬が3着以内
22年は1番人気リバティアイランドが圧巻の優勝！

21年	ウォーターナビレラ	−3馬サークルオブライフ	1着
22年	リバーラ	−3馬リバティアイランド	1着
23年	カルチャーデイ	−3馬コラソンビート	3着

2024年12月8日
阪神ＪＦ

注目サイン！

前走重賞連対馬が１着継続中
やっぱりアタマはここから

17年	ラッキーライラック	１着（アルテミスＳ１着）
18年	ダノンファンタジー	１着（ファンタジーＳ１着）
19年	レシステンシア	１着（ファンタジーＳ１着）
20年	ソダシ	１着（アルテミスＳ１着）
21年	サークルオブライフ	１着（アルテミスＳ１着）
22年	リバティアイランド	１着（アルテミスＳ２着）
23年	アスコリピチェーノ	１着（新潟２歳Ｓ１着）

和田竜二騎手の±２枠が３着以内
21年は３番人気サークルオブライフが優勝！

16年	＋２枠レーヌミノル	３着
17年	－２枠ラッキーライラック	１着
19年	－２枠マルターズディオサ	２着
20年	－２枠ソダシ	１着
21年	＋２枠サークルオブライフ	１着
22年	－２枠ドゥアイズ	３着
23年	＋２枠コラソンビート	３着

※18年は同騎手の騎乗ナシ。他に「Ｍ・デムーロ騎手の±２枠が３着以内」も継続中。

川田将雅騎手の±21馬か、±22馬が３着以内
19年はワンツーで馬連万馬券！

14年	＋21馬ショウナンアデラ	１着
15年	＋21馬メジャーエンブレム	１着
	－22馬ウインファビラス	２着
17年	－21馬マウレア	３着
	＋22馬ラッキーライラック	１着
19年	＋21馬レシステンシア	１着
	－22馬マルターズディオサ	２着
22年	＋22馬ドゥアイズ	３着

※16、18、23年は同騎手の騎乗ナシ。

第２章●ＧⅠ【連対馬】的中予言〜阪神ＪＦ　47

GI 朝日杯FS

2024年12月15日　京都芝1600m（2歳）

正逆 7番 10番

フェブラリーS		朝日杯FS		
2020年【逆2番】	2着 →	2020年【正2番】	グレナディアガーズ	1着
2021年【逆7番】	2着 →	2021年【逆7番】	ドウデュース	1着
2022年【逆2番】	2着 →	2022年【正2番】	ドルチェモア	1着
2023年【正15番】	2着 →	2023年【逆15番】	ジャンタルマンタル	1着
2024年【正7番】	2着	➡ 2024年【正逆7番、10番】		
【逆10番】	2着			

2023年 朝日杯FS	1着③ジャンタルマンタル　（1番人気）	馬連 1280円
	2着①エコロヴァルツ　　　（4番人気）	3連複 3540円
	3着⑤タガノエルピーダ　　（5番人気）	3連単 12910円

2024年12月15日
朝日杯ＦＳ

注目サイン！

１番人気馬が３着以内
逆らってはいけないセオリー

17 年	ダノンプレミアム	１着
18 年	グランアレグリア	３着
19 年	サリオス	１着
20 年	レッドベルオーブ	３着
21 年	セリフォス	２着
22 年	ドルチェモア	１着
23 年	ジャンタルマンタル	１着

Ｃ・ルメール騎手の±41馬が３着以内
23年は４番人気エコロヴァルツが２着、馬連1280円

17 年	－41 馬ステルヴィオ	２着
18 年	－41 馬アドマイヤマーズ	１着
19 年	＋41 馬グランレイ	３着
20 年	＋41 馬ステラヴェローチェ	２着
21 年	＋41 馬ドウデュース	１着
22 年	＋41 馬レイベリング	３着
23 年	－41 馬エコロヴァルツ	２着

前走④番ゲート馬か、その隣馬が３着以内
23年は牝馬のタガノエルピーダが健闘の３着

17 年	イシマツ	＋1馬ダノンプミアム	１着
18 年	グランアレグリア	－1馬クリノガウディー	２着
		自身	３着
19 年	タイセイビジョン	自身	２着
		＋1馬グランレイ	３着
20 年	テーオーダヴィンチ	－1馬レッドベルオーブ	３着
21 年	ドウデュース	自身	１着
22 年	ティニア	＋1馬ダノンタッチダウン	２着
23 年	セットアップ	－1馬タガノエルピーダ	３着

2024年12月15日
朝日杯FS

注目サイン！

幸英明騎手の±14馬が3着以内
19年は14番人気グランレイが激走3着！3連単9万馬券

15年	＋14馬リオンディーズ	1着
16年	＋14馬モンドキャンノ	2着
17年	＋14馬タワーオブロンドン	3着
19年	＋14馬グランレイ	3着
21年	－14馬ダノンスコーピオン	3着
23年	－14馬エコロヴァルツ	2着

※18、20、22年は同騎手の騎乗ナシ。

川田将雅騎手の±32馬が3着以内
20年は自身騎乗のグレナディアガーズが優勝！

18年	－32馬アドマイヤマーズ	1着
20年	±32馬グレナディアガーズ	1着
22年	－32馬レイベリング	3着
23年	＋32馬エコロヴァルツ	2着

※16年から継続中。19、21年は同騎手の騎乗ナシ。

馬名頭文字か末尾「ス」馬か、その隣馬が連対中
21年はワンツーで馬連1060円

20年	グレナディアガーズ	自身	1着
	ステラヴェローチェ	自身	2着
21年	ドウデュース	自身	1着
	セリフォス	自身	2着
22年	スズカダブル	隣馬ダノンタッチダウン	2着
23年	シュトラウス	隣馬エコロヴァルツ	2着

※「ズ」も対象。18年から継続中。

1枠か3枠が連対中
22年は1番人気ドルチェモアが順当勝ち

20年	1枠グレナディアガーズ	1着
21年	3枠セリフォス	2着
22年	1枠ドルチェモア	1着
23年	1枠エコロヴァルツ	2着

※17年から継続中。

J・GI 中山大障害

2024年12月21日　中山芝4100m（3歳上）

正逆 6番 10番

ステイヤーズS			中山大障害	
2019年【逆3番】	2着	→	2020年【逆3番】メイショウダッサイ	1着
2020年【逆3番】	2着	→	2021年【正3番】オジュウチョウサン	1着
2021年【逆3番】	1着	→	2022年【逆3番】ニシノデイジー	1着
2022年【逆3番】	2着	→	2023年【正3番】マイネルグロン	1着
2023年【逆10番】	1着	➡	2024年【正逆6番、10番】	
【逆6番】	2着			

2023年 中山大障害	1着③マイネルグロン	（1番人気）	馬連 780円
	2着⑨ニシノデイジー	（3番人気）	3連複 2160円
	3着①エコロデュエル	（4番人気）	3連単 5590円

第2章●GI【連対馬】的中予言～朝日杯FS／中山大障害　51

2024年12月21日
中山大障害

注目サイン！

 正逆３番か９番が１着継続中
22年は５番人気ニシノデイジーが優勝、単勝1540円

16 年　正９番オジュウチョウサン　　１着
17 年　逆９番オジュウチョウサン　　１着
18 年　逆９番ニホンピロバロン　　　１着
19 年　逆９番シングンマイケル　　　１着
20 年　逆３番メイショウダッサイ　　１着
21 年　正３番オジュウチョウサン　　１着
22 年　逆３番ニシノデイジー　　　　１着
23 年　正３番マイネルグロン　　　　１着

 五十嵐雄祐騎手の±42馬が３着以内
23年は1番人気マイネルグロンが順当勝ち

17 年　－42 馬ルペールノエル　　　３着
18 年　＋42 馬マイネルプロンプト　３着
19 年　＋42 馬ブライトクォーツ　　２着
20 年　＋42 馬タガノエスプレッソ　３着
22 年　－42 馬ゼノヴァース　　　　２着
23 年　±42 馬マイネルグロン　　　１着
※21 年は同騎手の騎乗ナシ。

 石神深一騎手か、その±３馬が３着以内
オジュウチョウサン騎乗がモノをいっている

15 年　＋３馬エイコーンパス　　　　２着
16 年　　自身オジュウチョウサン　　１着
17 年　　自身オジュウチョウサン　　１着
18 年　　自身ニホンピロバロン　　　１着
19 年　－３馬メイショウダッサイ　　３着
20 年　＋３馬タガノエスプレッソ　　３着
21 年　　自身オジュウチョウサン　　１着
22 年　－３馬ニシノデイジー　　　　１着
23 年　　自身マイネルグロン　　　　１着
※他に「植野貴也騎手の隣枠が３着以内」も継続中。

GI 有馬記念

2024年12月22日　中山芝2500m（3歳上）

正逆 2番 3番

サウジアラビアRC	有馬記念
2019年【正3番】1着	→ 2020年【逆3番】サラキア　　　　2着
2020年【正5番】2着	→ 2021年【正5番】ディープボンド　　2着
2021年【正3番】2着	→ 2022年【正3番】ボルドグフーシュ　2着
2022年【正1番】2着	→ 2023年【逆1番】スターズオンアース　2着
2023年【正2番】1着 　　　【正3番】2着	➡ 2024年【正逆2番、3番】

2023年 有馬記念

1着⑤ドウデュース　　　　　　（2番人気）　　馬連 2730円
2着⑯スターズオンアース　　　（7番人気）　　3連複 8050円
3着④タイトルホルダー　　　　（6番人気）　　3連単 42110円

注目サイン！

３歳馬か、その隣馬が３着以内
23年は７番人気スターズオンアース２着、馬連2730円

17年	ブレスジャーニー	隣馬クイーンズリング	２着
18年	ブラストワンピース	自身	１着
19年	サートゥルナーリア	自身	２着
20年	オーソリティ	隣馬フィエールマン	３着
21年	エフフォーリア	自身	１着
22年	イクイノックス	自身	１着
23年	ソールオリエンス	隣馬スターズオンアース	２着

牝馬が３着以内
20年はワンツーで馬連万馬券！

19年	リスグラシュー	１着
20年	クロノジェネシス	１着
	サラキア	２着
21年	クロノジェネシス	３着
22年	ジェラルディーナ	３着
23年	スターズオンアース	２着

前走４着馬の±４馬が３着以内
今のところ、１着はナシの２、３着傾向

18年	ブラストワンピース	＋４馬レイデオロ	２着
20年	カレンブーケドール	＋４馬サラキア	２着
21年	ステラヴェローチェ	－４馬ディープボンド	２着
22年	アカイイト	＋４馬ジェラルディーナ	３着
23年	ウインマリリン	＋４馬スターズオンアース	２着

※19年は該当馬の出走ナシ。

2024年12月22日
有馬記念

注目サイン！

C・ルメール騎手の枠が３着以内
かなり自身騎乗馬が絡んでいる

15 年	キタサンブラック	3着
16 年	サトノダイヤモンド	1着
17 年	クイーンズリング	2着
18 年	レイデオロ	2着
19 年	サートゥルナーリア	2着
20 年	サラキア	2着
21 年	クロノジェネシス	3着
22 年	イクイノックス	1着
23 年	スターズオンアース	2着

前走１着馬の隣馬が３着以内
20年は11番人気サラキア２着、馬連万馬券！

18 年	リッジマン	隣馬ブラストワンピース	1着
19 年	アーモンドアイ	隣馬サートゥルナーリア	2着
20 年	オセアグレイト	隣馬サラキア	2着
21 年	メロディーレーン	隣馬ディープボンド	2着
22 年	ヴェラアズール	隣馬ジェラルディーナ	3着
23 年	ホウオウエミーズ	隣馬タイトルホルダー	3着

前走３番人気馬か、その隣馬が３着以内
23年は２番人気ドウデュースが優勝！

19 年	ワールドプレミア	自身	3着
		隣馬リスグラシュー	1着
20 年	オーソリティ	隣馬フィエールマン	3着
21 年	エフフォーリア	自身	1着
22 年	ヴェラアズール	隣馬ジェラルディーナ	3着
23 年	ドウデュース	自身	1着
		隣馬タイトルホルダー	3着

2024年12月22日
有馬記念

注目サイン！

 池添謙一騎手の±2枠が3着以内
今のところ＋2枠、しかもアタマはナシの傾向

18年	＋2枠レイデオロ	2着
19年	＋2枠サートゥルナーリア	2着
20年	＋2枠サラキア	2着
21年	＋2枠クロノジェネシス	3着
23年	＋2枠タイトルホルダー	3着

※22年は同騎手の騎乗ナシ。

 横山武史騎手の±2枠が3着以内
こちらは－2枠が馬券に絡んでいる

20年	－2枠サラキア	2着
	－2枠フィエールマン	3着
21年	－2枠ディープボンド	2着
22年	－2枠ボルドグフーシュ	2着
23年	－2枠ドウデュース	1着

GIホープフルS

2024年12月28日　中山芝2000m(2歳)

正逆　3番　10番

東海S		ホープフルS	
2020年【正15番】2着	→	2020年【逆15番】オーソクレース	2着
2021年【逆5番】1着	→	2021年【正5番】キラーアビリティ	1着
2022年【正11番】2着	→	2022年【正11番】ドゥラエレーデ	1着
2023年【逆6番】1着	→	2023年【正6番】シンエンペラー	2着
2024年【正10番】2着　【逆3番】1着	➡	2024年【正逆3番、10番】	

2023年 ホープフル S	1着⑬レガレイラ	（1番人気）	馬連 530円
	2着⑥シンエンペラー	（2番人気）	3連複 18800円
	3着⑤サンライズジパング	（13番人気）	3連単 56240円

第2章●GⅠ【連対馬】的中予言～有馬記念／ホープフルS　57

注目サイン！

C・ルメール騎手か、その隣馬が3着以内
23年は自身騎乗の牝馬レガレイラが優勝！

18年	アドマイヤジャスタ	自身	2着
19年	ワーケア	自身	3着
20年	オーソクレース	自身	2着
		隣馬ヨーホーレイク	3着
21年	コマンドライン	隣馬キラーアビリティ	1着
22年	キングズレイン	自身	3着
23年	レガレイラ	自身	1着

三浦皇成騎手の±31馬が3着以内
23年以外は−31馬が活躍

17年	−31馬タイムフライヤー	1着
18年	−31馬サートゥルナーリア	1着
19年	−31馬ヴェルトライゼンデ	2着
20年	−31馬ヨーホーレイク	3着
21年	−31馬ラーグルフ	3着
22年	−31馬キングズレイン	3着
23年	＋31馬サンライズジパング	3着

前走③番ゲート馬か、その隣馬が連対中
22年は14番人気ドゥラエレーデが優勝、単勝9060円！

17年	マイハートビート	隣馬タイムフライヤー	1着
18年	アドマイヤジャスタ	自身	2着
19年	ブルーミングスカイ	隣馬コントレイル	1着
20年	ダノンザキッド	自身	1着
21年	ボーンディスウェイ	隣馬ジャスティンパレス	2着
22年	ガストリック	隣馬ドゥラエレーデ	1着
23年	レガレイラ	自身	1着

2024年12月28日
ホープフルS

注目サイン！

武豊騎手の±83馬が3着以内
23年は13番人気サンライズジパングが3着激走！3連単5万馬券

16年　－83馬グローブシアター　　3着
17年　＋83馬ステイフーリッシュ　3着
20年　＋83馬ダノンザキッド　　　1着
21年　＋83馬ジャスティンパレス　2着
22年　－83馬ドゥラエレーデ　　　1着
23年　－83馬サンライズジパング　3着
※18、19年は同騎手の騎乗ナシ。

武豊騎手の±7馬が3着以内
もう一丁、レジェンドのネタで

20年　－7馬ダノンザキッド　　　1着
21年　－7馬ジャスティンパレス　2着
22年　＋7馬ドゥラエレーデ　　　1着
23年　＋7馬サンライズジパング　3着

M・デムーロ騎手の±3枠が3着以内
23年は2番人気シンエンペラーが2着

17年　＋3枠ジャンダルム　　　2着
18年　－3枠ニシノデイジー　　3着
19年　－3枠コントレイル　　　1着
20年　－3枠ヨーホーレイク　　3着
22年　＋3枠ドゥラエレーデ　　1着
23年　＋3枠シンエンペラー　　2着
※21年は同騎手の騎乗ナシ。

松岡正海騎手の±63馬が連対中
24年は騎乗に期待したい

07年　±63馬マイネルチャールズ　1着
08年　＋63馬アラシヲヨブオトコ　2着
10年　＋63馬ベルシャザール　　　1着
18年　－63馬アドマイヤジャスタ　2着
23年　±63馬シンエンペラー　　　2着
※09、11～17、19～22年は同騎手の騎乗ナシ。

第2章●GI【連対馬】的中予言〜ホープフルS　59

GIフェブラリーS

2025年1回東京　東京ダ1600m（4歳上）

正逆 4番 7番

スプリングS		フェブラリーS	
2020年【正3番】2着	→	2021年【正3番】カフェファラオ	1着
2021年【正6番】2着	→	2022年【正6番】カフェファラオ	1着
2022年【逆2番】2着	→	2023年【逆2番】レッドルゼル	2着
2023年【逆7番】2着	→	2024年【正7番】ガイアフォース	2着
2024年【正7番】2着			
【逆4番】2着	➡	2025年　【正逆4番、7番】	

2024年 フェブラリーS	1着⑨ペプチドナイル（11番人気）	馬連 27850円
	2着⑦ガイアフォース（5番人気）	3連複 197060円
	3着⑧セキフウ　　（13番人気）	3連単 1530500円

2025年1回東京
フェブラリーＳ

注目サイン！

武豊騎手の隣枠が連対中
今のところ、すべて＋1枠

21年　＋1枠カフェファラオ　　1着
22年　＋1枠カフェファラオ　　1着
23年　＋1枠レッドルゼル　　　2着
24年　＋1枠ペプチドナイル　　1着

8歳馬の隣枠が連対中
19年を除いて2着、馬単2着付けが有効？

15年	アドマイヤロイヤル	－1枠インカンテーション	2着
16年	グレープブランデー	－1枠ノンコノユメ	2着
17年	ブライトライン	＋1枠ベストウォーリア	2着
18年	ベストウォーリア	－1枠ゴールドドリーム	2着
19年	メイショウウタゲ	＋1枠インティ	1着
20年	ブルドッグボス	－1枠ケイティブレイブ	2着
21年	ワンダーリーデル	＋1枠エアスピネル	2着
22年	ダイワギャグニー	－1枠テイエムサウスダン	2着
23年	ジャスパープリンス	－1枠レッドルゼル	2着
24年	カラテ	＋1枠ガイアフォース	2着

前走6番人気馬か、その隣馬が連対中
これもなぜか、オール2着

20年	ミューチャリー	隣馬ケイティブレイブ	2着
	ワンダーリーデル	隣馬ケイティブレイブ	2着
21年	サンライズノヴァ	隣馬エアスピネル	2着
22年	テイエムサウスダン	自身	2着
24年	カラテ	隣馬ガイアフォース	2着

※23年は該当馬の出走ナシ。

石橋脩騎手の隣枠が3着以内
24年は初ダートのガイアフォースが健闘の2着

16年　＋1枠モーニン　　　　　1着
17年　＋1枠ベストウォーリア　2着
18年　＋1枠インカンテーション　3着
24年　－1枠ガイアフォース　　2着

※13年から継続中。19～23年は同騎手の騎乗ナシ。

2025年1回東京
フェブラリーS

注目サイン！

前走東海S出走馬の隣馬が3着以内
21年以外は3着、3連系馬券のおともに

20年	キングズガード	（前走東海S）	隣馬サンライズノヴァ	3着
21年	インティ	（前走東海S）	隣馬カフェファラオ	1着
22年	スワーヴアラミス	（前走東海S）	隣馬ソダシ	3着
23年	オーヴェルニュ	（前走東海S）	隣馬メイショウハリオ	3着
24年	ペプチドナイル	（前走東海S）	隣馬セキフウ	3着

C・ルメール騎手の±2枠が3着以内
24年は11番人気ペプチドナイルが爆勝！単勝3800円

20年	＋2枠ケイティブレイブ	2着
21年	＋2枠ワンダーリーデル	3着
22年	＋2枠カフェファラオ	1着
23年	－2枠メイショウハリオ	3着
24年	＋2枠ペプチドナイル	1着

松山弘平騎手の±26馬が3着以内
20、21、24年は穴馬が激走！

16年	－26馬モーニン	1着
19年	＋26馬ゴールドドリーム	2着
20年	－26馬ケイティブレイブ	2着
21年	－26馬ワンダーリーデル	3着
24年	＋26馬セキフウ	3着

※17、18、22、23年は同騎手の騎乗ナシ。

馬名末尾「ル」馬か、その隣馬が連対中
21年は9番人気エアスピネルが2着、馬連6620円！

20年	デルマルーヴル	隣馬モズアスコット	1着
	ワンダーリーデル	隣馬ケイティブレイブ	2着
21年	エアスピネル	自身	2着
22年	レッドルゼル	隣馬カフェファラオ	1着
	エアスピネル	隣馬テイエムサウスダン	2着
23年	レッドルゼル	自身	2着
24年	ペプチドナイル	自身	1着

第3章 2024年・サウジアラビアRC～阪神C

GⅡ・GⅢ【連対馬】的中予言

GIII サウジアラビアRC

2024年10月5日　東京芝1600m(2歳)

正逆 7番 10番

ステイヤーズS		サウジアラビアRC	
2019年【逆2番】 1着 →		2020年【逆2番】ステラヴェローチェ	1着
2020年【逆5番】 1着 →		2021年【逆5番】ステルナティーア	2着
2021年【逆3番】 1着 →		2022年【逆3番】ドルチェモア	1着
2022年【正7番】 1着 →		2023年【逆7番】ボンドガール	2着
2023年【正7番】 1着【逆10番】 1着	➡	2024年【正逆7番、10番】	

2023年	1着②ゴンバデカーブース	（3番人気）	馬連 560円
サウジアラ	2着③ボンドガール	（1番人気）	3連複 220円
ビアRC	3着①シュトラウス	（2番人気）	3連単 3520円

2024年10月5日
サウジアラビアＲＣ

注目サイン！

正逆52番が連対中
23年は1番人気ボンドガールが2着に敗れる

19年	逆52番サリオス	1着
20年	逆52番ステラヴェローチェ	1着
21年	正52番ステルナティーア	2着
22年	正52番ドルチェモア	1着
23年	逆52番ボンドガール	2着

※16年から継続中。

前走新潟以外の新馬戦1着馬が1着継続中
人気かもしれないが、コイツには逆らえない

19年	サリオス	1着	（前走・東京新馬 1600m 1着）
20年	ステラヴェローチェ	1着	（前走・阪神新馬 1600m 1着）
21年	コマンドライン	1着	（前走・東京新馬 1600m 1着）
22年	ドルチェモア	1着	（前走・札幌新馬 1500m 1着）
23年	ゴンバデカーブース	1着	（前走・東京新馬 1600m 1着）

※17年から継続中。

C・ルメール騎手の±7馬が連対中
21年は自身騎乗のコマンドラインで順当勝ち

20年	＋7馬インフィナイト	2着
21年	±7馬コマンドライン	1着
22年	－7馬ドルチェモア	1着
23年	－7馬ボンドガール	2着

※18年から継続中。

当日馬体重が最も重い馬か、その隣馬が3着以内
22年は7番人気グラニット2着、馬連8800円！

19年	サリオス	自身	1着
20年	ステラヴェローチェ	自身	1着
21年	コマンドライン	自身	1着
22年	フロムナウオン	隣馬グラニット	2着
23年	シュトラウス	自身	3着

※15年から継続中。

GⅡ 毎日王冠

2024年10月6日　東京芝1800m（3歳上）

正逆 6番 7番

京都大賞典				毎日王冠		
2020年【正7番】	1着	→	2020年【逆7番】	ダイワキャグニー	2着
2021年【正13番】	1着	→	2021年【逆13番】	シュネルマイスター	1着
2022年【正8番】	1着	→	2022年【逆8番】	サリオス	1着
2023年【正10番】	1着	→	2023年【正10番】	ソングライン	2着
2024年【正7番】	1着				
【正6番】	2着	➡	2024年	【正逆6番、7番】	

2023年 毎日王冠	1着⑥エルトンバローズ	（4番人気）	馬連 1560円
	2着⑩ソングライン	（1番人気）	3連複 1130円
	3着①シュネルマイスター	（2番人気）	3連単 12920円

2024年10月6日
毎日王冠

注目サイン！

正逆313番が3着以内
22年は1番人気サリオスが順当勝ち

19年	正313番アエロリット	2着
20年	正313番ダイワキャグニー	2着
21年	正313番シュネルマイスター	1着
22年	正313番サリオス	1着
23年	正313番シュネルマイスター	3着

※15年から継続中。15、17年は逆313番が該当。

当年安田記念最先着馬か、その隣馬が連対中
23年2着ソングラインは安田記念優勝馬

19年	インディチャンプ	隣馬アエロリット	2着
21年	ダノンキングリー	自身	1着
22年	サリオス	自身	1着
23年	ソングライン	自身	2着

※16年から継続中。

戸崎圭太騎手の枠が3着以内
近2年は自身騎乗馬で馬券圏内

18年	ステルヴィオ	2着
19年	ダノンキングリー	1着
20年	サリオス	1着
22年	ダノンザキッド	3着
23年	ソングライン	2着

※21年は同騎手の騎乗ナシ。

川田将雅騎手か、その隣馬が3着以内
今のところ、1着ナシの傾向

16年	ステファノス	隣馬ヒストリカル	3着
17年	サトノアラジン	自身	2着
18年	キセキ	自身	3着
21年	ダノンキングリー	自身	2着
22年	レイパパレ	隣馬ダノンザキッド	3着
23年	デュガ	隣馬シュネルマイスター	3着

※19、20年は同騎手の騎乗ナシ。

GII 京都大賞典

2024年10月6日　京都芝2400m（3歳上）

正逆 1番 10番

きさらぎ賞		京都大賞典		
2020年【逆2番】 2着	→	2020年【正2番】	キセキ	2着
2021年【逆9番】 2着	→	2021年【正9番】	アリストテレス	2着
2022年【逆10番】1着	→	2022年【正10番】	ヴェラアズール	1着
2023年【逆7番】1着	→	2023年【正7番】	プラダリア	1着
2024年【逆1番】1着 【逆10番】2着	➡	2024年【正逆1番、10番】		

2023年 京都大賞典	1着⑦プラダリア　　（5番人気）	馬連 1840円
	2着⑥ボッケリーニ　（3番人気）	3連複 2030円
	3着④ディープボンド　（1番人気）	3連単 14210円

2024年10月6日
京都大賞典

注目サイン！

騸馬の隣馬が3着以内
21年は9番人気マカヒキ勝利、単勝3210円！

19年	ドレットノータス	隣馬シルヴァンシャー	3着
20年	ダンビュライト	隣馬キセキ	2着
21年	ダンビュライト	隣馬マカヒキ	1着
22年	アフリカンゴールド	隣馬ボッケリーニ	2着
23年	ヒンドゥタイムズ	隣馬プラダリア	1着

※16年から継続中。

M・デムーロ騎手の±15馬が3着以内
23年は1番人気ディープボンドが3着に敗れる

19年	＋15馬ダンビュライト	2着
21年	－15馬マカヒキ	1着
22年	－15馬ウインマイティー	3着
23年	＋15馬ディープボンド	3着

※15年から継続中。20年は同騎手の騎乗ナシ。

前走10番人気馬か、その隣馬が3着以内
22年は2番人気ヴェラアズールが優勝

20年	ダンビュライト	隣馬キセキ	2着
		隣馬キングオブコージ	3着
21年	ディアマンミノル	隣馬アリストテレス	2着
		隣馬キセキ	3着
22年	ウインマイティー	自身	3着
		隣馬ヴェラアズール	1着
23年	インプレス	隣馬ボッケリーニ	2着
		隣馬ディープボンド	3着

※19年から継続中。

和田竜二騎手の±28馬が3着以内
ほぼほぼ3着付けでいい？

19年	＋28馬ドレッドノータス	1着
20年	－28馬キングオブコージ	3着
21年	±28馬キセキ	3着
22年	±28馬ウインマイティー	3着
23年	±28馬ディープボンド	3着

第3章 ●GⅡ・GⅢ【連対馬】的中予言〜京都大賞典　69

GII 府中牝馬S

2024年10月14日　東京芝1800m（3歳上牝馬）

正逆 5番 7番

弥生賞		府中牝馬S	
2020年【逆4番】2着	→	2020年【正4番】サラキア	1着
2021年【逆7番】1着	→	2021年【正7番】シャドウディーヴァ	1着
2022年【逆2番】1着	→	2022年【正2番】ソダシ	2着
2023年【逆5番】1着	→	2023年【正5番】ルージュエヴァイユ	2着
2024年【逆5番】1着　　【逆7番】2着	➡	2024年【正逆5番、7番】	

2023年 府中牝馬S
1着⑦ディヴィーナ　　（1番人気）　　馬連 1460円
2着⑤ルージュエヴァイユ　（4番人気）　3連複 13150円
3着⑧ライラック　　　（10番人気）　　3連単 56560円

2024年10月14日
府中牝馬S

注目サイン！

4枠が連対中
なんと23年以外は1着！

18年	4枠ディアドラ	1着
19年	4枠スカーレットカラー	1着
20年	4枠サラキア	1着
21年	4枠シャドウディーヴァ	1着
22年	4枠イズジョーノキセキ	1着
23年	4枠ルージュエヴァイユ	2着

前走⑦番ゲート馬か、その隣馬が3着以内
22年は12番人気イズジョーノキセキが優勝、単勝3480円！

18年	カワキタエンカ	隣馬リスグラシュー	2着
19年	プリモシーン	隣馬ラッキーライラック	3着
20年	ラヴズオンリーユー	隣馬サラキア	1着
21年	マルターズディオサ	自身	3着
22年	イズジョーノキセキ	自身	1着
23年	ディヴィーナ	自身	1着

前走2番人気馬か、その隣馬が連対中
連続1着！23年は1番人気ディヴィーナが順当勝ち

19年	フロンテアクイーン	自身	2着
20年	フェアリーポルカ	隣馬サラキア	1着
21年	シャドウディーヴァ	自身	1着
	サトノダムゼル	隣馬シャドウディーヴァ	1着
23年	ディヴィーナ	自身	1着

※18年から継続中。22年は該当馬の出走ナシ。他に「M・デムーロ騎手の±39馬が連対中」も継続中。

馬名頭文字か末尾「ア」馬か、その隣馬が3着以内
23年は10番人気ライラック3着、3連単5万馬券！

21年	シャドウデイーヴァ	自身	1着
	アンドラステ	自身	2着
22年	アンドヴァラナウト	自身	3着
	隣馬ソダシ		2着
23年	アンドヴァラナウト	隣馬ライラック	3着

※20年から継続中。「ァ」も対象。

GII 富士S

2024年10月19日　東京芝1600m（3歳上）

正逆 2番 11番

京王杯2歳S			富士S		
2019年【正8番】	2着	→	2020年【逆8番】	ヴァンドギャルド	1着
2020年【正17番】	2着	→	2021年【逆17番】	ソングライン	1着
2021年【逆7番】	2着	→	2022年【逆7番】	セリフォス	1着
2022年【正7番】	2着	→	2023年【逆7番】	ナミュール	1着
2023年【正2番】	2着				
【逆11番】	1着	➡	2024年	【正逆2番、11番】	

枠	12 桃8	11	10 橙7	9	8 緑6	7	6 黄5	5	4 青4	3 赤3	2 黒2	1 白1
馬名	ステラヴェローチェ	ダノンタッチダウン	キラーアビリティ	レッドモンレーヴ	タイムトゥヘヴン	イルーシヴパンサー	ナミュール	ジャスティンスカイ	ソーヴァリアント	エターナルタイム	マテンロウオリオン	ユニコーンライオン
騎手	Mデムーロ	横山典	横山武	横山和	大野	岩田望	モレイラ	戸崎圭	池添	ルメール	中川	坂井

2023年 富士S
1着⑥ナミュール　（1番人気）　馬連 1700円
2着⑨レッドモンレーヴ　（4番人気）　3連複 6060円
3着④ソーヴァリアント　（6番人気）　3連単 27890円

2024年10月19日
富士S

注目サイン！

正逆52番が3着以内
23年は4番人気レッドモンレーヴが2着、馬連1700円

19年	正52番ノームコア	1着
20年	逆52番ケイアイノーテック	3着
21年	正52番ソングライン	1着
22年	逆52番ソウルフラッシュ	2着
23年	逆52番レッドモンレーヴ	2着

C・ルメール騎手の±61馬が3着以内
23年以外は2着の極端傾向

19年	－61馬レイエンダ	2着
20年	－61馬ラウダシオン	2着
21年	－61馬サトノウィザード	2着
22年	＋61馬ソウルフラッシュ	2着
23年	＋61馬ソーヴァリアント	3着

戸崎圭太騎手の±85馬が連対中
23年は1番人気ナミュールが順当勝ち

20年	＋85馬ヴァンドギャルド	1着
21年	＋85馬サトノウィザード	2着
22年	＋85馬セリフォス	1着
23年	＋85馬ナミュール	1着

※他に「田辺裕信騎手の±98馬が3着以内」も継続中。

馬名頭文字か末尾「タ」馬か、その隣馬が3着以内
今のところ、2着が圧倒的でアタマはナシ

19年	レイエンダ	自身	2着
20年	レイエンダ	隣馬ケイアイノーテック	3着
21年	ダノンザキッド	隣馬サトノウィザード	2着
22年	ダノンスコーピオン	隣馬ソウルラッシュ	2着
23年	タイムトゥヘヴン	隣馬レッドモンレーヴ	2着

※「ダ」も対象。

GIII アルテミスS

2024年10月26日　東京芝1600m（2歳牝馬）

正逆 6番 13番

シルクロードS			アルテミスS		
2020年【正6番】	2着	→	2020年【正6番】	ククナ	2着
2021年【正2番】	2着	→	2021年【正2番】	ベルクレスタ	2着
2022年【逆3番】	2着	→	2022年【正3番】	リバティアイランド	2着
2023年【逆7番】	2着	→	2023年【逆7番】	チェルヴィニア	1着
2024年【正13番】	2着				
【逆6番】	2着	➡	2024年【正逆6番、13番】		

2023年 アルテミスS	1着④チェルヴィニア　（1番人気）	馬連 350円
	2着⑧サフィラ　　　　（2番人気）	3連複 810円
	3着⑨スティールブルー（4番人気）	3連単 2050円

2024年10月26日
アルテミスS

注目サイン！

前走3番人気馬の隣馬が3着以内
22年は2番人気サフィラが2着

18年	ブラックダンサー	隣馬シェーングランツ	1着
19年	オムニプレゼンス	隣馬リアアメリア	1着
20年	テンハッピーローズ	隣馬ソダシ	1着
21年	ヴァンルーラー	隣馬サークルオブライフ	1着
22年	ディンバランス	隣馬アリスヴェリテ	3着
23年	スティールブルー	隣馬サフィラ	2着

※15年から継続中。

1番人気馬か、その隣馬が1着継続中
9連続1着とは！配当は安くても逆らうな

15年	メジャーエンブレム	隣馬デンコウアンジュ	1着
16年	リスグラシュー	自身	1着
17年	トーセンブレス	隣馬ラッキーライラック	1着
18年	グレイシア	隣馬シェーングランツ	1着
19年	リアアメリア	自身	1着
20年	ソダシ	自身	1着
21年	フォラブリューテ	隣馬サークルオブライフ	1着
22年	リバティアイランド	自身	1着
23年	チェルヴィニア	自身	1着

戸崎圭太騎手の±69馬が3着以内
21年は8番人気シゲルイワイザケ3着で3連単16万馬券！

13年	＋69馬マーブルカテドラル	1着
14年	－69馬ココロノアイ	1着
15年	＋69馬デンコウアンジュ	1着
17年	－69馬ラッキーライラック	1着
20年	＋69馬ククナ	2着
21年	＋69馬シゲルイワイザケ	3着
22年	－69馬アリスヴェリテ	3着
23年	－69馬サフィラ	2着

※16、18、19年は同騎手の騎乗ナシ。他に「横山武史騎手の±9馬が3着以内」も継続中。

GII スワンS

2024年10月26日　京都芝1400m（3歳上）

正逆 2番 10番

ダービー卿CT		スワンS	
2020年【正4番】 1着 →	2020年【正4番】カツジ	1着
2021年【正9番】 1着 →	2021年【正9番】ダノンファンタジー	1着
2022年【正3番】 1着 →	2022年【正3番】ララクリスティーヌ	2着
2023年【正4番】 2着 →	2023年【逆4番】ララクリスティーヌ	2着
2024年【正2番】 1着 【正10番】 2着	➡ 2024年【正逆2番、10番】

2023年 スワンS
- 1着③ウイングレイテスト　（10番人気）　馬連 9410円
- 2着⑮ララクリスティーヌ　（6番人気）　3連複 82160円
- 3着⑱ロータスランド　（11番人気）　3連単 514740円

2024年10月26日
スワンS

注目サイン！

 前走GⅠ出走馬の隣馬が連対中
－1馬が連対しているので、まずはここから検討してみよう

18年	ヒルノデイバロー	（前走SPS）	－1馬ロードクエスト	1着
19年	セイウンコウセイ	（前走SPS）	－1馬ダイアトニック	1着
20年	サウンドキアラ	（前走Vマイル）	－1馬ステルヴィオ	2着
21年	クリノガウディー	（前走SPS）	－1馬ダノンファンタジー	1着
22年	ダイアトニック	（前走SPS）	－1馬ララクリスティーヌ	2着
23年	ウインマーベル	（前走SPS）	－1馬ララクリスティーヌ	2着

※SPS＝スプリンターズS、Vマイル＝ヴィクトリアマイル。

 岩田康誠騎手の枠が3着以内
23年は11番人気ロータスランド3着激走！3連単51万馬券

13年	サダムパテック	3着
15年	オメガヴェンデッタ	3着
16年	エイシンスパルタン	3着
17年	レッツゴードンキ	3着
19年	モズアスコット	2着
20年	カツジ	1着
21年	ダノンファンタジー	1着
22年	ダイアトニック	1着
23年	ロータスランド	3着

※14、18年は同騎手の騎乗ナシ。他に「池添謙一騎手の隣枠が3着以内」も継続中。

前走9着馬か、その隣馬が3着以内
22年は11番人気ルプリュフォールが激走3着、3連単40万馬券！

18年	ヒルノデイバロー	隣馬ロードクエスト	1着
		隣馬モズアスコット	2着
19年	モーニン	隣馬ダイアトニック	1着
20年	カツジ	自身	1着
21年	ホウオウアマゾン	自身	3着
22年	サプライムアンセム	隣馬ルプリュフォール	3着
23年	ララクリスティーヌ	自身	2着

京王杯2歳S

2024年11月2日　東京芝1400m（2歳）

正逆 2番 7番

フローラS			京王杯2歳S		
2020年【正2番】	2着 →	2020年【逆2番】	ロードマックス	2着
2021年【正3番】	1着 →	2021年【正3番】	キングエルメス	1着
2022年【正12番】	2着 →	2022年【逆12番】	フロムダスク	2着
2023年【正2番】	1着 →	2023年【正2番】	ロジリオン	2着
2024年【正7番】	1着			
【正2番】	2着	➡ 2024年【正逆2番、7番】		

2023年 京王杯2歳S
　1着⑦コラソンビート　（1番人気）　馬連 2160円
　2着②ロジリオン　　（8番人気）　3連複 16220円
　3着③オーキッドロマンス（9番人気）　3連単 60240円

2024年11月2日
京王杯2歳S

注目サイン！

正逆３番が３着以内
23年は９番人気オーキッドロマンスが３着激走、３連単６万馬券！

18 年	逆３番カルリーノ	３着
19 年	逆３番ビアンフェ	２着
20 年	逆３番ユングヴィ	３着
21 年	正３番キングエルメス	１着
22 年	逆３番スピードオブライト	３着
23 年	正３番オーキッドロマンス	３着

内田博幸騎手の±４馬が連対中
20年は９番人気ロードマックスが２着、馬連6140円！

14 年	－４馬サフィロス	２着
16 年	－４馬レーヌミノル	２着
17 年	－４馬カシアス	２着
20 年	－４馬ロードマックス	２着
23 年 ＋４馬コラソンビート		１着

※15、18、19、21、22 年は同騎手の騎乗ナシ。

田辺裕信騎手の±３枠が３着以内
22年は大波乱！11番人気フロムダスクが連対、馬連６万馬券！

19 年	－３枠ヴァルナ	３着
20 年	＋３枠モントライゼ	１着
22 年	＋３枠フロムダスク	２着
23 年	＋３枠オーキッドロマンス	３着

※15 年から継続中。21 年は同騎手の騎乗ナシ。

江田照男騎手の隣馬が３着以内
ここでも23年の波乱の主役オーキッドロマンスを指名

18 年	＋１馬ファンタジスト	１着
19 年	－１馬ビアンフェ	２着
20 年	－１馬モントライゼ	１着
23 年	－１馬オーキッドロマンス	３着

※09 年から継続中。21、22 年は同騎手の騎乗ナシ。

GIII ファンタジーS

2024年11月2日　京都芝1400m（2歳牝馬）

正逆 3番 6番

神戸新聞杯		ファンタジーS	
2019年【正3番】1着	→	2020年【逆3番】メイケイエール	1着
2020年【正2番】1着	→	2021年【正2番】ナムラクレア	2着
2021年【正5番】1着	→	2022年【逆5番】リバーラ	1着
2022年【正6番】2着	→	2023年【正6番】カルチャーデイ	1着
2023年【正3番】1着 【正6番】2着	➡	2024年【正逆3番、6番】	

2023年 ファンタジーS	1着⑥カルチャーデイ	（15番人気）	馬連 44430円
	2着①ドナベティ	（9番人気）	3連複 364770円
	3着⑪シカゴスティング	（12番人気）	3連単 2306370円

2024年11月2日
ファンタジーS

注目サイン！

正逆６番が３着以内
23年は15番人気カルチャーデイ激勝、単勝7080円！

18年	逆６番ダノンファンタジー	１着
19年	正６番レシステンシア	１着
20年	正６番オパールムーン	２着
21年	逆６番ウォーターナビレラ	１着
22年	正６番レッドヒルシューズ	３着
23年	正６番カルチャーデイ	１着

※14年から継続中。

前走２着馬の隣馬が３着以内
21年以外は連対の美味しいセオリー

19年	ヒルノマリブ	隣馬マジックキャッスル	２着
20年	ラヴケリー	隣馬メイケイエール	１着
21年	スリーパーダ	隣馬ママコチャ	３着
22年	サウサハウプリティ	隣馬リバーラ	１着
23年	セントメモリーズ	隣馬カルチャーデイ	１着

※16年から継続中。

松山弘平騎手の±38馬が連対中
23年は９番人気ドナベティが連対、馬連４万馬券！

13年	＋38馬ベルカント	１着
14年	＋38馬ダノングラシアス	２着
19年	－38馬レシステンシア	１着
21年	＋38馬ウォーターナビレラ	１着
23年	＋38馬ドナベティ	２着

※15～18、20、22年は同騎手の騎乗ナシ。

Ｍ・デムーロ騎手の±２枠が３着以内
19年は６番人気レシステンシアが優勝、単勝1360円

16年	＋２枠ミスエルテ	１着
17年	－２枠アマルフィコースト	３着
19年	＋２枠レシステンシア	１着
23年	－２枠カルチャーデイ	１着

※12年から継続中。18、20～22年は同騎手の騎乗ナシ。

アルゼンチン共和国杯

2024年11月3日　東京芝2500m（3歳上）

正逆 1番 9番

阪神牝馬S		アルゼンチン共和国杯	
2020年【正2番】1着	→	2020年【正2番】ラストドラフト	2着
2021年【正4番】2着	→	2021年【逆4番】マイネルウィルトス	2着
2022年【正2番】2着	→	2022年【逆2番】ハーツイストワール	2着
2023年【正9番】1着	→	2023年【正9番】ゼッフィーロ	1着
2024年【正1番】1着			
【正9番】2着	➡	2024年【正逆1番、9番】	

	1着⑨ゼッフィーロ	（1番人気）	馬連 1170円
2023年	2着⑰マイネルウィルトス	（5番人気）	3連複 990円
アルゼンチン	3着④チャックネイト	（2番人気）	3連複 1790円
共和国杯	3着⑭ヒートオンビート	（4番人気）	3連単 3650円
	※3着同着		3連単 5600円

2024年11月3日
アルゼンチン共和国杯

注目サイン！

騙馬の隣馬が３着以内
20年は６番人気ラストドラフトが２着、馬連6680円！

19年	マコトガラハッド	隣馬ムイトオブリガード	1着
20年	ベストアプローチ	隣馬ラストドラフト	2着
21年	ゴースト	隣馬オーソリティ	1着
22年	レッドサイオン	隣馬ヒートオンビート	3着
23年	ヒュミドール	隣馬チャックネイト	3着

※17年から継続中。

正逆20番が３着以内
23年は５番人気マイネルウィルトス２着、馬連1170円

19年	正20番ムイトオブリガード	1着
20年	正20番ラストドラフト	2着
21年	正20番フライライクバード	3着
22年	逆20番ハーツイストワール	2着
23年	逆20番マイネルウィルトス	2着

※17年から継続中。

前走１着馬が３着以内
22年は６番人気ブレークアップが快勝、単勝1770円

19年	アフリカンゴールド	3着
20年	オーソリティ	1着
21年	フライライクバード	3着
22年	ブレークアップ	1着
23年	チャックネイト	3着

※15年から継続中。

馬名頭文字か末尾「ト」馬か、その隣馬が３着以内
近年は自身が馬券圏内、ト（ド）馬に気をつけろ！

19年	ムイトオブリガード	自身	1着
20年	ラストドラフト	自身	2着
21年	フライライクバード	自身	3着
22年	ヒートオンビート	自身	3着
23年	チャックネイト	自身	3着

※16年から継続中。「ド」も対象。

GIII みやこS

2024年11月3日　京都ダ1800m（3歳上）

正逆 4番 7番

スプリングS		みやこS	
2020年【正7番】 1着	→	2020年【正7番】 ヒストリーメイカー	2着
2021年【正14番】1着	→	2021年【逆14番】メイショウハリオ	1着
2022年【正12番】2着	→	2022年【正12番】ハギノアレグリアス	2着
2023年【正10番】2着	→	2023年【逆10番】メイクアリープ	2着
2024年【正4番】 1着　【正7番】 2着	⟹	2024年　【正逆4番、7番】	

2023年 みやこS

1着⑮セラフィックコール　（1番人気）　馬連 1310円
2着⑦メイクアリープ　（6番人気）　3連複 2590円
3着⑭ウィリアムバローズ　（2番人気）　3連単 10800円

2024年11月3日
みやこS

注目サイン！

正逆14番が3着以内
22年は11番人気サンライズホープ爆勝、単勝9070円！

19年	逆14番キングズガード	2着
20年	逆14番ヒストリーメイカー	2着
21年	逆14番メイショウハリオ	1着
22年	正14番サンライズホープ	1着
23年	正14番ウィリアムバローズ	3着

前走5着馬か、その隣馬が3着以内
隣馬の場合はいずれも－1馬

19年	アドマイヤビクター	－1馬ヴェンジェンス	1着
20年	スワーヴアラミス	－1馬エイコーン	3着
21年	ヴェンジェンス	－1馬メイショウハリオ	1着
22年	クリンチャー	－1馬サンライズホープ	1着
23年	メイクアリープ	自身	2着

幸英明騎手の枠が連対中
19、22年は自身騎乗で勝利、大穴をあけた！

17年	ルールソヴァール	2着
19年	ヴェンジェンス	1着
21年	メイショウハリオ	1着
22年	サンライズホープ	1着
23年	メイクアリープ	2着

※18年はＪＢＣ開催のため施行ナシ。20年は同騎手の騎乗ナシ。

馬名末尾「ス」馬か、その隣馬が3着以内
19年以外は隣馬が占める

17年	エピカリス	隣馬テイエムジンソク	1着
19年	ヴェンジェンス	自身	1着
20年	スワーヴアラミス	隣馬エイコーン	3着
21年	ヴェンジェンス	隣馬メイショウハリオ	1着
22年	アメリカンフェイス	隣馬ハギノアレグリアス	2着
23年	ウィリアムズバローズ	隣馬セラフィックコール	1着

※18年はＪＢＣ開催のため施行ナシ。「ズ」も対象。

GⅢ 武蔵野S

2024年11月9日　東京ダ1600m（3歳上）

正逆 7番 10番

マイラーズC			武蔵野S	
2020年【正6番】	1着 →	2020年【正6番】	サンライズノヴァ	1着
2021年【正1番】	1着 →	2021年【逆1番】	ソリストサンダー	1着
2022年【正6番】	2着 →	2022年【逆6番】	ギルデッドミラー	1着
2023年【正13番】	1着 →	2023年【逆13番】	タガノビューティー	2着
2024年【正10番】	1着	➡	2024年【正逆7番、10番】	
【正7番】	2着			

枠	16 桃8	15	14 橙7	13	12 緑6	11	10 黄5	9	8 青4	7	6 赤3	5	4 黒2	3	2 白1	1
馬名	ジェットセッティング	ペースセッティング	カテドラル	アビエルト 未出走	ヴァルツァーシャル	ハーフエイビー マクリードス	オーマイベイビー	ステラヴェローチェ	レッドルゼル	フレンチカクタス	メイショウマサ ホーマンフリップ 4勝	サリトルカナロア	ケイアイシエルビー ディーブインパクト 4勝	マルモリスペシャル バトルプラン	ヘリオス	アンジュエローペラ	タイセイサムソン マイカグラサムソン	オルフェーヴル 2勝	ライラボンド シャボナ 未出走	キズナ	セキフウ シニスターミニスター ヘニーヒューズ 1勝	タガノビューティー スペシャルディナー 4勝	ドライスタウト マストバイアイテム 3勝	シニスターミニスター 2勝	ベルダーイメル オルフェーヴル 1勝	ペリエール ソフトライム 1勝 ヘニーヒューズ
	鹿56牝3	鹿57牝3	鹿57牡4		鹿58牡7		鹿57牝4	鹿57牝4	鹿57牡4		鹿57牡4		鹿57牡4	鹿57牡6	鹿57牡4	鹿56牡3
騎手	団野	田辺	三浦	Mデムーロ	横山典	岩田康	藤懸	北村宏	菅原明	横山和	永野	藤岡佑	石橋脩	横山武	柴田善	ルメール
厩舎	安田隆	池添学	須貝尚	安田隆	安田翔	田中博	田中博	橋口	西園正	西村	杉浦	武幸	西園正	牧	橋本	黒岩
	2100	9350	2400		2400	3600	2400	2400	3600		2400	6770	7800	6190	5200	3950
	6420	21,960	6830		28,960	42,152	11,320	5683	5190	23,950	9810	7001	17,681	24,555	15,375	14,483	9429
	シルクR	キャロットF	ウエストフォトフトS	大野照正	東京HR	松本好雄	亀田和弘	山下繁美	黒川晩子	田中成秦	YGGホースC	中辻	八木良司	YGGホースC	ケーエスHD	長谷川祐司
	イギリス	ノーザンF	国岡田牧場	ノーザンF		三嶋牧場			川島牧場	日進牧場		ジャンプ牧場	静内酒田F	下屋敷牧場	岡島牧場	チャンピオンF

2023年
武蔵野S

1着③ドライスタウト	（2番人気）	馬連 2730 円
2着④タガノビューティー	（6番人気）	3連複 7660 円
3着⑫レッドルゼル	（5番人気）	3連単 29550 円

2024年11月9日
武蔵野S

注目サイン！

馬名末尾「ル」馬か、その隣馬が３着以内
19年は９番人気ワンダーリーデル激勝、単勝2520円！

18年	ナムラミラクル	自身	3着
19年	ワンダーリーデル	自身	1着
20年	エアスピネル	自身	3着
21年	エアスピネル	自身	2着
22年	エアスピネル	隣馬レモンポップ	2着
23年	レッドルゼル	自身	3着

前走１着馬の隣馬が３着以内
22年は２番人気ギルデッドミラー快勝、単勝600円

16年	ソルティコメント	隣馬タガノトネール	1着
17年	サンライズノヴァ	隣馬アキトクレッセント	3着
18年	イーグルフェザー	隣馬サンライズノヴァ	1着
19年	アディラート	隣馬ダノンフェイス	3着
20年	タイムフライヤー	隣馬ソリストサンダー	2着
21年	タガノビューティー	隣馬ソリストサンダー	1着
22年	デュードヴァン	隣馬ギルデッドミラー	1着
23年	ドライスタウト	隣馬タガノビューティー	2着

北村宏司騎手の±５馬が３着以内
23年は６番人気タガノビューティー連対、馬連2730円

18年	＋5馬ナムラミラクル	3着
19年	＋5馬ワンダーリーデル	1着
20年	－5馬エアスピネル	3着
23年	－5馬タガノビューティー	2着

※21、22年は同騎手の騎乗ナシ。

柴田善臣騎手の±２馬が３着以内
今のところ、アタマはナシの傾向

15年	－2馬タガノトネール	2着
17年	＋2馬アキトクレッセント	3着
21年	＋2馬エアスピネル	2着
23年	＋2馬タガノビューティー	2着

※16、18〜20、22年は同騎手の騎乗ナシ。

デイリー杯2歳S

2024年11月9日　京都芝1600m(2歳)

正逆 1番 3番

朝日杯FS		デイリー杯2歳S	
2019年【正8番】2着	→	2020年【逆8番】ホウオウアマゾン	2着
2020年【正2番】1着	→	2021年【逆2番】セリフォス	1着
2021年【正9番】1着	→	2022年【逆9番】ダノンタッチダウン	2着
2022年【正2番】1着	→	2023年【正2番】ジャンタルマンタル	1着
2023年【正3番】1着 【正1番】2着	➡	2024年【正逆1番、3番】	

2023年 デイリー杯 2歳S	1着②ジャンタルマンタル （1番人気）	馬連 4270円
	2着⑩エンヤラヴフェイス （8番人気）	3連複 39580円
	3着③ナムラフッカー （10番人気）	3連単 190420円

2024年11月9日
デイリー杯2歳S

注目サイン！

正逆79番が連対中
23年はのちのGI馬ジャンタルマンタルが優勝

19年	逆79番 ウイングレイテスト	2着
20年	逆79番 レッドベルオーブ	1着
21年	逆79番 セリフォス	1着
22年	逆79番 ダノンタッチダウン	2着
23年	正79番 ジャンタルマンタル	1着

※17年から継続中。

和田竜二騎手の±83馬が3着以内
23年は8番人気エンヤラヴフェイスが連対、馬連4270円！

15年	－83馬 エアスピネル	1着
18年	－83馬 アドマイヤマーズ	1着
19年	－83馬 レッドベルジュール	1着
21年	－83馬 カワキタレブリー	3着
22年	＋83馬 ショーモン	3着
23年	－83馬 エンヤラヴフェイス	2着

※12年から継続中。16、17、20年は同騎手の騎乗ナシ。

冠名「ダノン」か、その隣馬が3着以内
今のところ、1着はナシの傾向

18年	ダノンジャスティス	隣馬メイショウショウブ	2着
		隣馬ハッピーアワー	3着
22年	ダノンタッチダウン	自身	2着
		隣馬ショーモン	3着
23年	ダノンキラウェア	隣馬ナムラフッカー	3着

※09年から継続中。19～21年は該当馬の出走ナシ。

馬名頭文字か末尾「フ」馬か、その隣馬が連対中
近3年は隣馬が激走、21年はワンツーで馬連310円

21年	プルパレイ	隣馬セリフォス	1着
		隣馬ソネットフレーズ	2着
22年	フォーサイドナイン	隣馬ダノンタッチダウン	2着
23年	ナムラエイハブ	隣馬エンヤラヴフェイス	2着

※17年から継続中。「ブ、プ」も対象。

GIII 福島記念

2024年11月10日　福島芝2000m（3歳上）

正逆 3番 8番

フローラS			福島記念		
2020年【正3番】	1着	→	2020年【正3番】	バイオスパーク	1着
2021年【正12番】	2着	→	2021年【正12番】	ヒュミドール	2着
2022年【正2番】	1着	→	2022年【正2番】	ユニコーンライオン	1着
2023年【正7番】	1着	→	2023年【正7番】	ダンディズム	2着
2024年【正8番】	1着	➡	2024年【正逆3番、8番】		
【正3番】	2着				

2023年 福島記念

1着⑥ホウオウエミーズ	（3番人気）	馬連 6330円
2着⑦ダンディズム	（12番人気）	3連複 15600円
3着②カレンルシェルブル	（4番人気）	3連単 84550円

2024年11月10日
福島記念

注目サイン！

正逆7番が3着以内
23年は12番人気ダンディズムが連対、馬連6330円！

19年	逆7番クレシェンドラヴ	1着
20年	正7番テリトーリアル	3着
21年	逆7番アラタ	3着
22年	正7番サトノセシル	2着
23年	正7番ダンディズム	2着

馬名末尾「ル」馬か、その隣馬が3着以内
近4年は自身が馬券に絡んでいる

19年	メートルダール	隣馬ミッキースワロー	3着
20年	テリトーリアル	自身	3着
21年	ヒュミドール	自身	2着
22年	サトノセシル	自身	2着
23年	カレンルシェルブル	自身	3着

※17年から継続中。

馬名頭文字か末尾「ス」馬か、その隣馬が連対中
21年は5番人気パンサラッサが優勝、単勝900円

19年	ステイフーリッシュ	自身	2着
20年	レッドアネモス	隣馬バイオスパーク	1着
21年	ステイフーリッシュ	隣馬パンサラッサ	1着
22年	ベレヌス	隣馬サトノセシル	2着
23年	ホウオウエミーズ	自身	1着

※17年から継続中。「ズ」も対象。

藤岡佑介騎手の隣枠が3着以内
1着率が高いが、24年の騎乗はあるかどうか

07年	−1枠アルコセニョーラ	1着
11年	−1枠マイネイサベル	3着
12年	＋1枠ダイワファルコン	1着
22年	−1枠ユニコーンライオン	1着
23年	＋1枠ホウオウエミーズ	1着

※08〜10、13〜21年は同騎手の騎乗ナシ。

東京スポーツ杯2歳S

2024年11月16日　東京芝1800m（2歳）

正逆 3番 10番

きさらぎ賞		東京スポーツ杯2歳S	
2020年【逆2番】 2着 →		2020年【正2番】タイトルホルダー	2着
2021年【正3番】 2着 →		2021年【正3番】アサヒ	2着
2022年【正3番】 2着 →		2022年【正3番】ガストリック	1着
2023年【正7番】 2着 →		2023年【正7番】シュトラウス	1着
2024年【正3番】 2着 【逆10番】 2着	➡	2024年【正逆3番、10番】	

2023年 東京スポーツ杯2歳S	1着⑦シュトラウス　（4番人気）　馬連 9420円
	2着①シュバルツクーゲル（8番人気）　3連複 12760円
	3着③ファーヴェント　（2番人気）　3連単 83770円

2024年11月16日
東京スポーツ杯2歳S

注目サイン！

正逆108番が3着以内
今のところ、逆番のみ馬券圏内

19年	逆108番アルジャンナ	2着
20年	逆108番ダノンザキッド	1着
21年	逆108番イクイノックス	1着
22年	逆108番ガストリック	1着
23年	逆108番ファーヴェント	3着

※17年から継続中。

C・ルメール騎手の±2馬が3着以内
近5年は連対傾向、23年は4番人気シュトラウスが優勝

19年	＋2馬アルジャンナ	2着
20年	＋2馬ダノンザキッド	1着
21年	＋2馬アサヒ	2着
22年	＋2馬ガストリック	1着
23年	－2馬シュトラウス	1着

※16年から継続中。

戸崎圭太騎手の±21馬が3着以内
21年はのちの"世界最強"イクイノックスが優勝

20年	＋21馬ダノンザキッド	1着
21年	＋21馬イクイノックス	1着
22年	＋21馬ハーツコンチェルト	3着
23年	－21馬シュトラウス	1着

※14年から継続中。他に「三浦皇成騎手の±77馬が3着以内」も継続中。

前走2番人気馬か、その隣馬が3着以内
ここでも21年はイクイノックス！

18年	カテドラル	隣馬ニシノデイジー	1着
19年	ゼンノジャスタ	隣馬タイトルホルダー	2着
20年	ダノンザキッド	自身	1着
21年	イクイノックス	自身	1着
22年	テンカノキジン	隣馬ハーツコンチェルト	3着
23年	シュトラウス	自身	1着

※14年から継続中。

ラジオNIKKEI杯 京都2歳S GIII

2024年11月23日　京都芝2000m（2歳）

正逆 2番 7番

日経新春杯	京都2歳S
2020年【逆9番】1着 →	2020年【正9番】ラーゴム　　　　2着
2021年【逆3番】1着 →	2021年【正3番】ビーアストニッシド　2着
2022年【逆7番】1着 →	2022年【正7番】グリューネグリーン　1着
2023年【逆5番】2着 →	2023年【正5番】シンエンペラー　　1着
2024年【逆7番】1着　　【逆2番】2着	➡ 2024年【正逆2番、7番】

2023年 京都2歳S

1着⑤シンエンペラー　　（1番人気）　　馬連 7380円
2着⑩プレリュードシチー（10番人気）　　3連複 11650円
3着⑬サトノシュトラーゼ（3番人気）　　3連単 62160円

2024年11月23日
京都2歳S

注目サイン！

M・デムーロ騎手の隣枠が3着以内
23年は10番人気プレリュードシチーが連対、馬連7380円！

17年	＋1枠ケイティクレバー	3着
21年	＋1枠ジャスティンロック	1着
22年	－1枠トップナイフ	2着
23年	－1枠プレリュードシチー	2着

※15年から継続中。18～20年は同騎手の騎乗ナシ。

武豊騎手の±13馬が3着以内
22年は5番人気グリューネグリーンが快勝、単勝1440円

18年	＋13馬ブレイキングドーン	2着
19年	－13馬ロールオブサンダー	3着
20年	－13馬マカオンドール	3着
21年	＋13馬ジャスティンロック	1着
22年	－13馬グリューネグリーン	1着

※17年から継続中。23年は同騎手の騎乗ナシ。

前走②番ゲート馬か、その隣馬が3着以内
近4年は自身が馬券に絡んでいる

17年	ランリーナ	隣馬グレイル	1着
19年	ミヤマザクラ	自身	2着
20年	ワンダフルタウン	自身	1着
22年	グリューネグリーン	自身	1着
23年	サトノシュトラーゼ	自身	3着

※18、21年は該当馬の出走ナシ。

前走⑧番ゲート馬か、その隣馬が3着以内
23年は1番人気シンエンペラーが順当勝ち

18年	セイカヤマノ	隣馬ブレイキングドーン	2着
20年	ラーゴム	自身	2着
21年	ライラック	隣馬フィデル	3着
23年	パワーホール	隣馬シンエンペラー	1着

※19、22年は該当馬の出走ナシ。

GIII 京阪杯

2024年11月24日　京都芝1200m（3歳上）

正逆 6番 13番

シルクロードS			京阪杯		
2020年【逆13番】	2着	→	2020年【正13番】	カレンモエ	2着
2021年【正2番】	2着	→	2021年【正2番】	エイティーンガール	1着
2022年【逆3番】	2着	→	2022年【逆3番】	トウシンマカオ	1着
2023年【正9番】	2着	→	2023年【逆9番】	ルガル	2着
2024年【正13番】	2着	➡	2024年【正逆6番、13番】		
【逆6番】	2着				

2023年 京阪杯

1着⑰トウシンマカオ	（4番人気）	馬連	1430円
2着⑩ルガル	（1番人気）	3連複	5210円
3着⑥エイシンスポッター	（6番人気）	3連単	29430円

2024年11月24日
京阪杯

注目サイン！

前走スプリンターズS出走馬の隣馬が3着以内
21年はワンツーで馬連8480円！

18年	アレスバローズ	隣馬ダノンスマッシュ	1着
19年	リナーテ	隣馬アイラブテーラー	2着
20年	ラブカンプー	隣馬カレンモエ	2着
21年	アウィルアウェイ	隣馬エイティーンガール	1着
	シヴァージ	隣馬タイセイビジョン	2着
22年	テイエムスパーダ	隣馬キルロード	2着
23年	キミワクイーン	隣馬エイシンスポッター	3着

前走1番人気馬か、その隣馬が3着以内
今のところ、アタマはナシの傾向

20年	カレンモエ	自身	2着
21年	オールアットワンス	隣馬タイセイビジョン	2着
22年	スマートクラージュ	自身	3着
23年	シュバルツカイザー	隣馬ルガル	2着

※18年から継続中。

幸英明騎手の±2枠が3着以内
21年は10番人気エイティーンガールが激勝、単勝2250円！

20年	＋2枠ジョーアラビカ	3着
21年	－2枠エイティーンガール	1着
23年	－2枠ルガル	2着

※15年から継続中。22年は同騎手の騎乗ナシ。他に「和田竜二騎手の±6馬が3着以内」も継続中。

正逆12番か、13番が3着以内
20年以外は逆12番か逆13番が馬券に絡んでいる

17年	逆13番ネロ	1着
18年	逆13番ナインテイルズ	2着
19年	逆13番ライトオンキュー	1着
20年	正13番カレンモエ	2着
21年	逆12番タイセイビジョン	2着
22年	逆13番スマートクラージュ	3着
23年	逆13番エイシンスポッター	3着

G Ⅱ ステイヤーズS

2024年11月30日　中山芝3600m（3歳上）

正逆 7番 16番

根岸S		ステイヤーズS	
2020年【正11番】1着	→	2020年【正11番】オセアグレイト	1着
2021年【正3番】1着	→	2021年【逆3番】ディバインフォース	1着
2022年【正7番】2着	→	2022年【正7番】シルヴァーソニック	1着
2023年【正6番】2着	→	2023年【逆6番】テーオーロイヤル	2着
2024年【正7番】1着　【正16番】2着	➡	2024年【正逆7番、16番】	

2023年 ステイヤーズS

1着 ⑦アイアンバローズ （8番人気）　馬連 4340円
2着 ⑪テーオーロイヤル （2番人気）　3連複 7580円
3着 ⑤マイネルウィルトス （3番人気）　3連単 65030円

2024年11月30日
ステイヤーズS

注目サイン！

馬名頭文字か末尾「ア」馬か、その隣馬が連対中
21、23年はアイアンバローズ自身が連対

19年	アルバート	自身	2着
20年	ゴールドギア	隣馬タガノディアマンテ	2着
21年	アイアンバローズ	自身	2着
22年	アドマイヤアルバ	隣馬シルヴァーソニック	1着
23年	アイアンバローズ	自身	1着

※17年から継続中。

前走⑦番ゲート馬か、その隣馬が連対中
23年はのちの天皇賞馬テーオーロイヤルが2着

19年	モンドインテロ	自身	1着
20年	タガノディアマンテ	自身	2着
21年	アドマイヤアルバ	隣馬アイアンバローズ	2着
22年	アドマイヤアルバ	隣馬シルヴァーソニック	1着
23年	セファーラジエル	隣馬テーオーロイヤル	2着

前年1着枠の隣枠が3着以内
24年は3、5枠をマークせよ！

19年	1着8枠	→ 20年	7枠2着
20年	1着6枠	→ 21年	7枠1着
21年	1着7枠	→ 22年	6枠3着
22年	1着5枠	→ 23年	4枠1着
23年	1着4枠	→ 24年	3枠、5枠が候補

※16年から継続中。

田辺裕信騎手の±41馬が3着以内
22年は5番人気プリュムドール2着、馬連2720円

18年	＋41 馬リッジマン		1着
19年	＋41 馬エイシンクリック		3着
20年	－41 馬ポンデザール		3着
21年	＋41 馬シルヴァーソニック		3着
22年	－41 馬プリュムドール		2着

※23年は同騎手の騎乗ナシ。

GIII チャレンジC

2024年11月30日　京都芝2000m（3歳上）

正逆 7番 12番

フローラS		チャレンジC	
2020年【逆11番】2着	→	2020年【正11番】ブラヴァス	2着
2021年【逆6番】2着	→	2021年【正6番】ヒートオンビート	2着
2022年【逆13番】2着	→	2022年【逆13番】ルビーカサブランカ	2着
2023年【逆9番】1着	→	2023年【逆9番】ベラジオオペラ	1着
2024年【逆7番】1着 【逆12番】2着	➡	2024年【正逆7番、12番】	

2023年	1着⑤ベラジオオペラ	（3番人気）	馬連 1180円
チャレンジ	2着④ボッケリーニ	（2番人気）	3連複 10520円
C	3着②イズジョーノキセキ	（9番人気）	3連単 40100円

2024年11月30日
チャレンジC

注目サイン！

川田将雅騎手の±99馬が3着以内
17年以外は＋99馬が馬券圏内

20年	＋99馬レイパパレ	1着
21年	＋99馬ヒートオンビート	2着
22年	＋99馬エヒト	3着
23年	＋99馬ベラジオオペラ	1着

※15年から継続中。

川田将雅騎手の±6馬が3着以内
もう一丁の川田騎手ネタは－6馬が圧倒的

19年	－6馬ロードマイウェイ	1着
20年	－6馬ヒンドゥタイムズ	3着
21年	－6馬ソーヴァリアント	1着
22年	－6馬ソーヴァリアント	1着
23年	－6馬ポッケリーニ	2着

松山弘平騎手の±4馬が3着以内
23年は9番人気イズジョーノキセキ3着で3連単4万馬券！

15年	＋4馬フルーキー	1着
16年	－4馬ベルーフ	2着
20年	＋4馬レイパパレ	1着
21年	－4馬ヒートオンビート	2着
22年	－4馬エヒト	3着
23年	＋4馬イズジョーノキセキ	3着

※17～19年は同騎手の騎乗ナシ。

正逆100番が連対中
21年は1番人気ソーヴァリアントが順当勝ち

18年	逆100番エアウィンザー	1着
19年	正100番ロードマイウェイ	1着
20年	逆100番ブラヴァス	2着
21年	逆100番ソーヴァリアント	1着
22年	正100番ルビーカサブランカ	2着
23年	逆100番ベラジオオペラ	1着

GIII 中日新聞杯

2024年12月7日　中京芝2000m（3歳上）

正逆 6番 7番

天皇賞（秋）	中日新聞杯
2019年【正2番】1着 →	2020年【正2番】ボッケリーニ　　　1着
2020年【正6番】2着 →	2021年【正6番】アフリカンゴールド　2着
2021年【正1番】2着 →	2022年【正1番】キラーアビリティ　　1着
2022年【正7番】1着 →	2023年【正7番】ヤマニンサルバム　　1着
2023年【正7番】1着 　　　【正6番】2着	➡ 2024年　【正逆6番、7番】

2023年 中日新聞杯	1着⑦ヤマニンサルバム　（2番人気）	馬連 9180円
	2着⑪ハヤヤッコ　　　　（13番人気）	3連複 19800円
	3着⑮ピンハイ　　　　　（4番人気）	3連単 102660円

2024年12月7日
中日新聞杯

注目サイン！

正逆45番が3着以内
23年は13番人気ハヤヤッコが激走2着、3連単10万馬券！

19年	逆45番サトノガーネット	1着
20年	正45番ヴェロックス	3着
21年	正45番シゲルピンクダイヤ	3着
22年	正45番アイコンテーラー	3着
23年	正45番ハヤヤッコ	2着

※17年から継続中。

和田竜二騎手の枠が3着以内
アタマはナシで2、3着付けの傾向

17年	ミッキーロケット	2着
20年	シゲルピンクダイヤ	2着
21年	シゲルピンクダイヤ	3着
22年	アイコンテーラー	3着
23年	ピンハイ	3着

※08年から継続中。18、19年は同騎手の騎乗ナシ。

馬名頭文字か末尾「ト」馬か、その隣馬が3着以内
22年は17番人気アフリカンゴールドが仰天2着、馬連10万馬券！

19年	ラストドラフト	自身	2着
20年	サトノガーネット	隣馬ボッケリーニ	1着
21年	ラストドラフト	隣馬アフリカンゴールド	2着
22年	ソフトフルート	隣馬マテンロウレオ	2着
23年	スパイダーゴールド	隣馬ピンハイ	3着

※16年から継続中。「ド」も対象。

前走①番ゲート馬か、その隣馬が3着以内
22年は10番人気アイコンテーラーが3着、3連単15万馬券！

18年	ギベオン	自身	1着
20年	シゲルピンクダイヤ	自身	2着
21年	ショウナンバルディ	自身	1着
22年	イクスプロージョン	隣馬アイコンテーラー	3着
23年	ヤマニンサルバム	自身	1着

※15年から継続中。19年は該当馬の出走ナシ。

GIII カペラS

2024年12月8日　中山ダ1200m（3歳上）

正逆 6番 8番

チューリップ賞			カペラS		
2020年【正13番】	1着 →	2020年【正13番】	ジャスティン	1着
2021年【正1番】	1着 →	2021年【正1番】	リュウノユキナ	2着
2022年【正6番】	1着 →	2022年【正6番】	リメイク	1着
2023年【正13番】	2着 →	2023年【正13番】	チェイスザドリーム	2着
2024年【正6番】	1着			
【正8番】	2着	➡ 2024年【正逆6番、8番】		

2023年 カペラS	1着③テイエムトッキュウ （2番人気）	馬連 12250円
	2着⑬チェイスザドリーム （10番人気）	3連複 36830円
	3着②メタマックス （6番人気）	3連単 187120円

2024年12月8日
カペラS

注目サイン！

マル外馬の±4馬が3着以内
23年は10番人気チェイズザドリーム2着、馬連万馬券！

18年	オールドベイリー	－4馬コパノキッキング	1着
19年	ハニージェイド	－4馬コパノキッキング	1着
20年	ロンドンテソーロ	＋4馬ダンシングプリンス	3着
21年	モズスーパーフレア	＋4馬ダンシングプリンス	1着
22年	ピンシャン	＋4馬ジャスティン	3着
23年	ピンシャン	－4馬チェイズザドリーム	2着

※15年から継続中。

馬名末尾「ス」馬か、その隣馬が3着以内
21年は3番人気ダンシングプリンスが快勝、単勝640円

19年	テーオージーニアス	自身	2着
20年	ダンシングプリンス	自身	3着
21年	ダンシングプリンス	自身	1着
22年	エアアルマス	隣馬リメイク	1着
23年	メタマックス	自身	3着

※16年から継続中。「ズ」も対象。

三浦皇成騎手の隣枠が3着以内
20年以外は－1枠が来ている、しかも2着が多い

18年	－1枠サイタスリーレッド	2着
19年	－1枠テーオージーニアス	2着
20年	＋1枠レッドルゼル	2着
21年	－1枠リュウノユキナ	2着
23年	－1枠メタマックス	3着

※14年から継続中。22年は同騎手の騎乗ナシ。

戸崎圭太騎手の±2枠が3着以内
22年は2番人気リメイクが優勝、単勝520円

20年	－2枠ダンシングプリンス	3着
21年	－2枠リュウノユキナ	2着
22年	－2枠リメイク	1着
23年	＋2枠チェイズザドリーム	2着

GIII ターコイズS

2024年12月14日　中山芝1600m（3歳上牝馬）

正逆 1番 12番

きさらぎ賞		ターコイズS	
2020年【逆8番】	1着 →	2020年【正8番】スマイルカナ	1着
2021年【正2番】	1着 →	2021年【正2番】ミスニューヨーク	1着
2022年【正2番】	1着 →	2022年【逆2番】ウインシャーロット	2着
2023年【正2番】	1着 →	2023年【正2番】フィールシンパシー	2着
2024年【正12番】1着【逆1番】1着		➡ 2024年【正逆1番、12番】	

2023年 ターコイズS	1着⑥フィアスプライド （1番人気）	馬連 5720円
	2着②フィールシンパシー （8番人気）	3連複 15330円
	3着⑤ミスニューヨーク （6番人気）	3連単 75450円

2024年12月14日
ターコイズS

注目サイン！

三浦皇成騎手の隣枠が連対中
23年は1番人気フィアスプライドが順当勝ち

18年	＋1枠ミスパンテール	1着
19年	－1枠エスポワール	2着
21年	－1枠ミスニューヨーク	1着
22年	＋1枠ミスニューヨーク	1着
23年	＋1枠フィアスプライド	1着

6歳馬の隣馬が3着以内
今のところ、＋1馬が馬券に絡んでいる

17年	ペイシャヘリス	＋1馬デンコウアンジュ	3着
19年	フロンデアクイーン	＋1馬シゲルピンクダイヤ	3着
21年	ムーンチャイム	＋1馬アンドラステ	2着
22年	ローザノワール	＋1馬ミスニューヨーク	1着
23年	ミスニューヨーク	＋1馬フィアスプライド	1着

※18、20年は該当馬の出走ナシ。

前走1着馬の隣馬が3着以内
22年は4番人気ウインシャーロットが2着、馬連2310円

19年	エスポワール	隣馬シゲルピンクダイヤ	3着
20年	ドナウデルタ	隣馬スマイルカナ	1着
21年	ドナウデルタ	隣馬ミスニューヨーク	1着
22年	フィアスプライド	隣馬ウインシャーロット	2着
23年	サーマルウインド	隣馬フィアスプライド	1着

※17年から継続中。

石川裕紀人騎手の±2馬が3着以内
20年は1番人気スマイルカナが順当勝ち

14年	－2馬マーブルカテドラル	2着
15年	＋2馬シングウィズジョイ	1着
16年	－2馬カフェブリリアント	3着
20年	＋2馬スマイルカナ	1着
22年	－2馬ミスニューヨーク	1着

※17～19、21、23年は同騎手の騎乗ナシ。

GII 阪神C

2024年12月21日 京都芝1400m（3歳上）

正逆 12番 13番

皐月賞			阪神C		
2020年【正1番】	1着 →	2020年【逆1番】	マルターズディオサ	2着
2021年【正7番】	1着 →	2021年【逆7番】	グレナディアガーズ	1着
2022年【正14番】	1着 →	2022年【正14番】	ダイアトニック	1着
2023年【正14番】	2着 →	2023年【逆14番】	ウインマーベル	1着
2024年【正13番】	1着			
【正12番】	2着	➡	2024年【正逆12番、13番】	

2023年 阪神C

1着④ウインマーベル　　　（4番人気）　　馬連 2700円
2着⑩グレナディアガーズ　（3番人気）　　3連複 3960円
3着⑭アグリ　　　　　　　（2番人気）　　3連単 35140円

2024年12月21日
阪神C

注目サイン！

前走5着馬か、その隣馬が連対中
23年は4番人気ウインマーベルが優勝、単勝960円！

15年	クラレント	隣馬ロサギガンティア	1着
16年	ラインハート	隣馬イスラボニータ	2着
17年	イスラボニータ	自身	1着
18年	ミスターメロディ	隣馬ダイアナヘイロー	1着
19年	グランアレグリア	自身	1着
20年	クリノガウディー	隣馬マルターズディオサ	2着
21年	ホウオウアマゾン	自身	2着
22年	キングオブコージ	隣馬ダイアトニック	1着
23年	ウインマーベル	自身	1着

馬名頭文字か末尾「ク」馬か、その隣馬が3着以内
22年は1番人気ダイアトニックが順当勝ち

15年	クラレント	隣馬ロサギガンティア	1着
16年	グランシルク	隣馬フィエロ	3着
17年	タガノブルグ	隣馬イスラボニータ	1着
18年	ムーンクエイク	隣馬スターオブペルシャ	3着
19年	グランアレグリア	自身	1着
20年	クラヴィスオレア	隣馬ダノンファンタジー	1着
21年	グレナディアガーズ	自身	1着
22年	ダイアトニック	自身	1着
23年	グレナディアガーズ	自身	2着

※「グ」も対象。

岩田望来騎手の±4馬が継続中
アタマからイケる美味しいセオリー！

20年	＋4馬ダノンファンタジー	1着
21年	－4馬グレナディアガーズ	1着
22年	＋4馬ダイアトニック	1着
23年	－4馬ウインマーベル	1着

※他に「和田竜二騎手の±4枠が連対中」も継続中。

注：対象レースの出走頭数が指名の連対馬番に満たない場合は、その馬番まで循環させてください。

例えば「指名馬番が正逆16番で、出走頭数が15頭だった場合」は【正循環①番馬、逆循環⑮番馬】（下の表1）、指名馬番が正逆13番で、出走頭数が10頭だった場合は【正循環③番馬、逆循環⑧番馬】（下の表2）となります。

正循環・逆循環の詳細はp7をご覧ください。

表1 ●15頭立てで、指名が正逆16番だった場合

⑮	⑭	⑬	⑫	⑪	⑩	⑨	⑧	⑦	⑥	⑤	④	③	②	①	←［馬　番］
15	14	13	12	11	10	9	8	7	6	5	4	3	2	1	←［正　番］
30	29	28	27	26	25	24	23	22	21	20	19	18	17	16	←［正循環］
［逆　番］→ 1	2	3	4	5	6	7	8	9	10	11	12	13	14	15	
［逆循環］→ 16	17	18	19	20	21	22	23	24	25	26	27	28	29	30	

表2 ●10頭立てで、指名が正逆13番だった場合

⑩	⑨	⑧	⑦	⑥	⑤	④	③	②	① ←［馬　番］
10	9	8	7	6	5	4	3	2	1 ←［正　番］
20	19	18	17	16	15	14	13	12	11 ←［正循環］
［逆　番］→ 1	2	3	4	5	6	7	8	9	10
［逆循環］→ 11	12	13	14	15	16	17	18	19	20

第4章 2025年・中山金杯〜阪神大賞典

GⅡ・GⅢ【連対馬】的中予言

★ 2025 年の重賞については、24 年の施行条件・順番をベース
に掲載しています。詳細については、24 年 11 月頃に発表される
JRAの公式日程にて、ご確認ください。

GIII 中山金杯

2025年1回中山　芝2000m（4歳上）

正逆 4番 7番

スプリングS			中山金杯		
2020年【正3番】	2着	→	2021年【正3番】	ココロノトウダイ	2着
2021年【逆10番】	2着	→	2022年【逆10番】	レッドガラン	1着
2022年【逆2番】	2着	→	2023年【正2番】	クリノプレミアム	2着
2023年【逆7番】	2着	→	2024年【正7番】	ククナ	2着
2024年【正7番】	2着				
【逆4番】	2着	➡	2025年	【正逆4番、7番】	

2024年 中山金杯	1着③リカンカブール	（5番人気）	馬連 4820円
	2着⑦ククナ	（8番人気）	3連複 12230円
	3着⑮マイネルクリソーラ	（6番人気）	3連単 65470円

2025年1回中山
中山金杯

注目サイン！

端数（.5）ハンデ馬の隣馬が連対中
24年は8番人気ククナが2着、馬連4820円！

17年	クラリティスカイ 57.5	＋1馬ツクバアズマオー	1着
20年	ギベオン 57.5	＋1馬ウインイクシード	2着
21年	マイネルサーパス 56.5	－1馬ココロノトウダイ	2着
22年	トーセンスーリヤ 57.5	－1馬レッドガラン	1着
23年	マテンロウレオ 57.5	＋1馬クリノプレミアム	2着
24年	クリノプレミアム 55.5	＋1馬ククナ	2着

横山武史騎手の±2枠が3着以内
今のところ－2枠が5連チャン！

20年	－2枠テリトーリアル	3着
21年	－2枠ヒシイグアス	1着
22年	－2枠スカーフェイス	2着
23年	－2枠ラーグルフ	1着
24年	－2枠ククナ	2着

※他に「M・デムーロ騎手か、その隣馬が3着以内」も継続中。

前走③番ゲート馬か、その隣馬が3着以内
23年はワンツーで馬連3690円の好配当

20年	ウインイクシード	自身	2着
		隣馬トリオンフ	1着
21年	バイオスパーク	隣馬ウインイクシード	3着
22年	ウインイクシード	隣馬スカーフェイス	2着
23年	ラーグルフ	自身	1着
		隣馬クリノプレミアム	2着
24年	リカンカブール	自身	1着

逆10番か逆15番が連対中
23年は1番人気ラーグルフが順当勝ち

20年	逆10番ウインイクシード	2着
21年	逆15番ココロノトウダイ	2着
22年	逆10番レッドガラン	1着
23年	逆15番ラーグルフ	1着
24年	逆15番リカンカブール	1着

GIII 京都金杯

2025年1回京都　芝1600m(4歳上)

正逆 1番 10番

きさらぎ賞	京都金杯
2020年【逆2番】2着 →	2021年【正2番】　ケイデンスコール　1着
2021年【逆10番】1着 →	2022年【逆10番】　ザダル　1着
2022年【逆10番】1着 →	2023年【逆10番】　イルーシヴパンサー　1着
2023年【逆2番】2着 →	2024年【正2番】　コレペティトール　1着
2024年【正1番】1着 　　　【逆10番】2着	➡ 2025年　【正逆1番、10番】

2024年 京都金杯	1着②コレペティトール　（8番人気）	馬連 4720円
	2着⑪セッション　　　　（3番人気）	3連複 7910円
	3着④トゥードジボン　　（1番人気）	3連単 54810円

2025年1回京都
京都金杯

注目サイン！

前年2着枠の±2枠が1着継続中
25年は4、8枠をマークせよ！

19年	8枠（前年2着）	→	－2枠パクスアメリカーナ	1着
20年	8枠（前年2着）	→	＋2枠サウンドキアラ	1着
21年	3枠（前年2着）	→	－2枠ケイデンスコール	1着
22年	2枠（前年2着）	→	＋2枠ザダル	1着
23年	6枠（前年2着）	→	－2枠イルーシヴパンサー	1着
24年	3枠（前年2着）	→	－2枠コレペティトール	1着
25年	6枠（前年2着）	→	±2枠の4枠、8枠が候補	

馬名頭文字か末尾「タ」馬の隣馬が3着以内
23年はワンツーで馬連2280円

21年	タイセイビジョン	隣馬エントシャイデン	3着
22年	ダイワキャグニー	隣馬カイザーミノル	3着
23年	タイムトゥヘヴン	隣馬イルーシヴパンサー	1着
		隣馬エアロロノア	2着
24年	ダノンタッチダウン	隣馬トゥードジボン	3着

※18年から継続中。「ダ」も対象。

浜中俊騎手の±35馬が3着以内
24年は8番人気コレペティトールが快勝、単勝1650円

17年	－35馬フィエロ	3着
18年	＋35馬ブラックムーン	1着
19年	＋35馬パクスアメリカーナ	1着
22年	－35馬カイザーミノル	3着
24年	－35馬コレペティトール	1着

※20、21、23年は同騎手の騎乗ナシ。

吉田隼人騎手の±23馬が3着以内
落馬負傷からの復帰に期待したい

19年	－23馬パクスアメリカーナ	1着
20年	－23馬ダイアトニック	2着
21年	＋23馬エントシャイデン	3着
24年	＋23馬コレペティトール	1着

※16年から継続中。22、23年は同騎手の騎乗ナシ。

第4章●GⅡ・GⅢ【連対馬】的中予言～京都金杯　115

GIII フェアリーS

2025年1回中山　芝1600m（3歳牝馬）

正逆 7番 8番

日経新春杯			フェアリーS		
2020年【逆9番】	1着	→	2021年【正9番】	ファインルージュ	1着
2021年【正14番】	1着	→	2022年【逆14番】	スターズオンアース	2着
2022年【正10番】	1着	→	2023年【正10番】	メイクアスナッチ	2着
2023年【正2番】	2着	→	2024年【逆2番】	イフェイオン	1着
2024年【正8番】	1着	➡	2025年	【正逆7番、8番】	
【正7番】	2着				

2024年 フェアリーS	1着⑬イフェイオン	（5番人気）	馬連 8250円
	2着③マスクオールウイン	（6番人気）	3連複 20780円
	3着①ラヴスコール	（4番人気）	3連単 157970円

2025年1回中山
フェアリーS

注目サイン！

1枠が3着以内
23年は6番人気スピードオブライト3着、3連単51万馬券！

19年	1枠フィリアプーラ	1着
20年	1枠スマイルカナ	1着
21年	1枠ベッラノーヴァ	3着
22年	1枠ビジュノワール	3着
23年	1枠スピードオブライト	3着
24年	1枠ラヴスコール	3着

横山武史騎手の隣枠が連対中
22年はワンツーで馬連1550円

19年	－1枠フィリアプーラ	1着
21年	＋1枠ホウオウイクセル	2着
22年	＋1枠ライラック	1着
	－1枠スターズオンアース	2着
23年	＋1枠メイクアスナッチ	2着
24年	－1枠イフェイオン	1着

※20年は同騎手の騎乗ナシ。

三浦皇成騎手の隣馬が3着以内
24年は6番人気マスクオールウィンが2着、馬連8250円！

16年	＋1馬ダイワダッチェス	3着
18年	＋1馬スカーレットカラー	2着
19年	＋1馬フィリアプーラ	1着
22年	－1馬スターズオンアース	2着
23年	－1馬スピードオブライト	3着
24年	－1馬マスクオールウィン	2着

※17、20、21、22年は同騎手の騎乗ナシ。

第4章●GⅡ・GⅢ【連対馬】的中予言〜フェアリーS　117

GIII シンザン記念

2025年1回京都　芝1600m（3歳）

正逆 7番 12番

オークス		シンザン記念	
2020年【正4番】1着 →	2021年【逆4番】	ピクシーナイト	1着
2021年【逆10番】1着 →	2022年【正10番】	マテンロウオリオン	1着
2022年【逆1番】1着 →	2023年【逆1番】	ペースセッティング	2着
2023年【逆14番】1着 →	2024年【逆14番】	ノーブルロジャー	1着
2024年【正12番】1着 【逆7番】1着	➡ 2025年	【正逆7番、12番】	

2024年 シンザン記念	1着⑤ノーブルロジャー（3番人気）	馬連 930円
	2着⑬エコロブルーム（1番人気）	3連複 50030円
	3着⑭ウォーターリヒト（17番人気）	3連単 216260円

2025年1回京都
シンザン記念

注目サイン！

幸英明騎手の±81馬が1着継続中
24年は3番人気ノーブルロジャー快勝、単勝490円

18年	＋81馬アーモンドアイ	1着
20年	＋81馬サンクテュエール	1着
21年	－81馬ピクシーナイト	1着
22年	＋81馬マテンロウオリオン	1着
24年	±81馬ノーブルロジャー	1着

※19、23年は同騎手の騎乗ナシ。

幸英明騎手か、その隣馬が3着以内
しつこいかもしれませんが、ミユキ・ネタもう一丁！

20年	＋1馬サンクテュエール	1着
21年	自身	2着
22年	－1馬ペースセッティング	2着
24年	－1馬エコロブルーム	2着
	自身ウォーターリヒト	3着

※16年から継続中。23年は同騎手の騎乗ナシ。

北村友一騎手の±12馬が3着以内
24年は17番人気ウォーターリヒトが3着激走、3連単21万馬券！

14年	＋12馬ウインフルブルーム	2着
19年	±12馬ヴァルディゼール	1着
20年	－12馬プリンスリターン	2着
24年	＋12馬ウォーターリヒト	3着

※08年から継続中。15～18、21～23年は同騎手の騎乗ナシ。

馬名末尾「ル」馬か、その隣馬が3着以内
21年はのちのGI馬ピクシーナイトが優勝

20年	サンクテュエール	自身	1着
21年	レゾンドゥスリール	＋1馬ピクシーナイト	1着
22年	ラスール	＋1馬ソリタリオ	2着
23年	クファシル	－1馬トーホウガレオン	3着
24年	ケープパール	＋1馬エコロブルーム	2着

※17年から継続中。

第4章●GⅡ・GⅢ【連対馬】的中予言～シンザン記念　　119

GIII 愛知杯

2025年1回中京　芝2000m（4歳上牝馬）

正逆 5番 15番

ダービー			愛知杯		
2020年【正5番】	1着	→	2021年【逆5番】	ランブリングアレー	2着
2021年【正1番】	2着	→	2022年【正1番】	ルビーカサブランカ	1着
2022年【正13番】	1着	→	2023年【正13番】	アイコンテーラー	2着
2023年【正12番】	1着	→	2024年【正12番】	ミッキーゴージャス	1着
2024年【正5番】	1着	➡	2025年【正逆5番、15番】		
【正15番】	2着				

2024年 愛知杯

1着⑫ミッキーゴージャス　（1番人気）　馬連 2620円

2着③タガノパッション　（8番人気）　3連複 3220円

3着②コスタボニータ　（2番人気）　3連単 15950円

2025年1回中京
愛知杯

注目サイン！

トップハンデ馬の隣馬が3着以内
21年8番人気ウラヌスチャーム3着、3連単7万馬券！

20年	デンコウアンジュ	＋1馬アルメリアブルーム	2着
21年	センテリュオ	－1馬ウラヌスチャーム	3着
22年	マジックキャッスル	－1馬ルビーカサブランカ	1着
23年	マリアエレーナ	＋1馬アートハウス	1着
24年	コスタボニータ	＋1馬タガノパッション	2着

※17年から継続中。

2枠が3着以内
23年は1番人気アートハウスが順当勝ち

20年	2枠レイホーロマンス	3着
21年	2枠ウラヌスチャーム	3着
22年	2枠マリアエレーナ	2着
23年	2枠アートハウス	1着
24年	2枠コスタボニータ	3着

川田将雅騎手の±80馬が3着以内
22年は自身騎乗で6番人気のデゼルが3着

21年	＋80馬マジックキャッスル	1着
22年	±80馬デゼル	3着
23年	－80馬アイコンテーラー	2着
24年	－80馬コスタボニータ	3着

和田竜二騎手の±11馬が3着以内
今のところ、－11馬が馬券に絡んでいる

11年	－11馬ブロードストリート	2着
16年	－11馬リーサルウェポン	2着
20年	－11馬レイホーロマンス	3着
21年	－11馬ウラヌスチャーム	3着
22年	－11馬マリアエレーナ	2着
23年	－11馬アートハウス	1着

※12～15、17～19、24年は同騎手の騎乗ナシ。

GIII 京成杯

2025年1回中山　芝2000m（3歳）

正逆 10番 14番

ニュージーランドT			京成杯	
2020年【逆3番】	2着	→	2021年【正3番】グラティアス	1着
2021年【逆2番】	2着	→	2022年【逆2番】ロジハービン	2着
2022年【逆6番】	1着	→	2023年【逆6番】ソールオリエンス	1着
2023年【逆2番】	2着	→	2024年【逆2番】ダノンデサイル	1着
2024年【逆10番】1着 【逆14番】2着		➡	2025年【正逆10番、14番】	

2024年 京成杯	1着⑭ダノンデサイル　（5番人気）	馬連 1670円
	2着⑥アーバンシック　（2番人気）	3連複 15150円
	3着⑩コスモブッドレア　（10番人気）	3連単 88610円

2025年1回中山
京成杯

注目サイン！

前走1番人気馬の隣馬が3着以内
21年はワンツーで馬連1020円

20年	スカイグルーヴ	隣馬クリスタルブラック	1着
21年	タイソウ	隣馬グラティアス	1着
		隣馬タイムトゥヘヴン	2着
22年	タイセイディバイン	隣馬ヴェローナシチー	3着
23年	ソールオリエンス	隣馬オメガリッチマン	2着
24年	ジュンゴールド	隣馬ダノンデサイル	1着

大野拓弥騎手の±10馬が3着以内
24年はのちのダービー馬、ダノンデサイルが勝利

16年	＋10馬メートルダール	3着
17年	－10馬ガンサリュート	2着
18年	－10馬イェッツト	3着
20年	＋10馬スカイグルーヴ	2着
22年	－10馬ロジハービン	2着
24年	－10馬ダノンデサイル	1着

※19、21、23年は同騎手の騎乗ナシ。

戸崎圭太騎手の±39馬が3着以内
22年は8番人気ヴェローナシチーが3着、3連単32万馬券！

19年	＋39馬ヒンドゥタイムズ	3着
21年	－39馬グラティアス	1着
22年	－39馬ヴェローナシチー	3着
23年	＋39馬オメガリッチマン	2着
24年	＋39馬アーバンシック	2着

※20年は同騎手の騎乗ナシ。

C・ルメール騎手の±22馬が3着以内
24年は10番人気コスモブッドレアが3着、3連単8万馬券！

21年	＋22馬タイムトゥヘヴン	2着
22年	－22馬ロジハービン	2着
23年	－22馬オメガリッチマン	2着
24年	－22馬コスモブッドレア	3着

GⅡ 日経新春杯

2025年1回京都　芝2400m（4歳上）

正逆 5番 6番

日経賞			日経新春杯		
2020年【正14番】1着	→	2021年【正14番】	ショウリュウイクゾ	1着
2021年【正4番】1着	→	2022年【正4番】	ステラヴェローチェ	2着
2022年【逆5番】1着	→	2023年【逆5番】	キングオブドラゴン	2着
2023年【正2番】1着	→	2024年【逆2番】	サヴォーナ	2着
2024年【正6番】1着				
【逆5番】1着	➡	2025年【正逆5番、6番】		

2024年
日経新春杯

1着⑧ブローザホーン　（1番人気）　馬連 1580円
2着⑬サヴォーナ　　　（4番人気）　3連複 3040円
3着⑭サトノグランツ　（3番人気）　3連単 13230円

2025年1回京都
日経新春杯

注目サイン！

奇数年は正逆5番が、偶数年は正逆7番が3着以内
パターン継続なら25年は正逆5番が候補

15年	正5番アドマイヤデウス	2着	16年	正7番シュヴァルグラン	2着
17年	正5番ミッキーロケット	1着	18年	正7番パフォーマプロミス	1着
19年	正5番シュペルミエール	3着	20年	逆7番エーティーラッセン	3着
21年	正5番ミスマンマミーア	2着	22年	逆7番ヨーホーレイク	1着
23年	逆5番キングオブドラゴン	2着	24年	逆7番ブローザホーン	1着

前走6着馬の隣馬が連対中
21年は13番人気ミスマンマミーアが2着、馬連5万馬券！

19年	エーティーサンダー	隣馬グローリーヴェイズ	1着
20年	マスターコード	隣馬レッドレオン	2着
21年	サンレイポケット	隣馬ミスマンマミーア	2着
22年	マイネルウィルトス	隣馬ステラヴェローチェ	2着
23年	ヤマニンゼスト	隣馬ヴェルトライゼンデ	1着
24年	ハーツコンチェルト	隣馬ブローザホーン	1着

武豊騎手の隣枠が3着以内
24年は1番人気ブローザホーンが順当勝ち

19年	－1枠ルックトゥワイス	2着
20年	＋1枠レッドレオン	2着
21年	＋1枠クラージュゲリエ	3着
22年	＋1枠ヨーホーレイク	1着
23年	＋1枠ヴェルトライゼンデ	1着
24年	－1枠ブローザホーン	1着

前走⑧番ゲート馬か、その隣馬が3着以内
22年は3番人気ヨーホーレイクが快勝、単勝560円

19年	シュペルミエール	自身	3着
20年	モズベッロ	自身	1着
21年	サンレイポケット	＋1馬ミスマンマミーア	2着
22年	ヨーホーレイク	自身	1着
24年	サヴォーナ	自身	2着
		＋1馬サトノグランツ	3着

※23年は該当馬の出走ナシ。

GⅡ AJCC
アメリカジョッキークラブカップ

2025年1回中山　芝2200m（4歳上）

正逆 8番 13番

日経新春杯		AJCC		
2020年【正4番】2着	→	2021年【正4番】	ヴェルトライゼンデ	2着
2021年【正14番】1着	→	2022年【逆14番】	キングオブコージ	1着
2022年【正4番】2着	→	2023年【正4番】	ノースブリッジ	1着
2023年【正2番】1着	→	2024年【逆2番】	チャックネイト	1着
2024年【正8番】1着 【正13番】2着	➡	2025年【正逆8番、13番】		

2024年 AJCC	1着⑪チャックネイト （3番人気）	馬連 1160円
	2着⑫ボッケリーニ （2番人気）	3連複 3320円
	3着②クロミナンス （5番人気）	3連単 16330円

2025年1回中山
AJCC

注目サイン！

正逆191番が3着以内
24年の3着以外は正191番！

19年	正191番フィエールマン	2着
20年	正191番ブラストワンピース	1着
21年	正191番ヴェルトライゼンデ	2着
22年	正191番ボッケリーニ	3着
23年	正191番エヒト	2着
24年	正191番チャックネイト	1着
	逆191番クロミナンス	3着

前走8着馬の隣馬が3着以内
24年は3番人気チャックネイトが優勝、単勝650円

21年	ノーブルマーズ	隣馬ヴェルトライゼンデ	2着
22年	アンティシペイト	隣馬ボッケリーニ	3着
23年	ガイアフォース	隣馬エヒト	2着
24年	ラーグルフ	隣馬チャックネイト	1着

※18年から継続中。

三浦皇成騎手の±34馬が3着以内
23年は5番人気エヒトが2着、馬連3950円！

16年	－34馬ディサイファ	1着
18年	－34馬マイネルミラノ	3着
19年	－34馬シャケトラ	1着
21年	－34馬ラストドラフト	3着
23年	＋34馬エヒト	2着
24年	－34馬ボッケリーニ	2着

※17、20年は同騎手の騎乗ナシ。

三浦皇成騎手の隣枠が3着以内
近4年は＋1枠が連続で馬券圏内に

19年	＋1枠メートルダール	3着
21年	＋1枠アリストテレス	1着
23年	＋1枠ユーバーレーベン	3着
24年	＋1枠チャックネイト	1着

※16年から継続中。20年は同騎手の騎乗ナシ。

GII 東海S

2025年1回中京　ダ1800m（4歳上）

正逆 4番 15番

京王杯スプリングC	東海S
2020年【正12番】2着 →	2021年【正12番】アナザートゥルース　2着
2021年【正12番】2着 →	2022年【逆12番】スワーヴアラミス　1着
2022年【正12番】1着 →	2023年【逆12番】ハギノアレグリアス　2着
2023年【正10番】2着 →	2024年【正10番】オメガギネス　2着
2024年【正15番】1着 　　　【正4番】2着	➡ 2025年　【正逆4番、15番】

2024年 東海S
- 1着⑭ウィリアムバローズ　（2番人気）　馬連 570円
- 2着⑩オメガギネス　　　　（1番人気）　3連複 1680円
- 3着③ヴィクティファルス　（4番人気）　3連単 8900円

128

2025年1回中京
東海S

注目サイン！

7枠が3着以内
24年は2番人気ウィリアムバローズが快勝、重賞初制覇

20年	7枠インティ	3着
21年	7枠アナザートゥルース	2着
22年	7枠ブルベアイリーデ	3着
23年	7枠ハヤブサナンデクン	3着
24年	7枠ウィリアムバローズ	1着

馬名頭文字か末尾「ス」馬が3着以内
22年は7番人気スワーヴアラミス優勝、単勝1570円

19年	スマハマ	自身	3着
20年	エアアルマス	自身	1着
21年	アナザートゥルース	自身	2着
22年	スワーヴアラミス	自身	1着
23年	ハギノアレグリアス	自身	2着
24年	ヴィクティファルス	自身	3着

藤岡佑介騎手の±13馬が3着以内
20年は2番人気エアアルマスが勝利、単勝380円

09年	－13馬アロンダイト	2着
12年	＋13馬サイレントメロディ	3着
13年	＋13馬グレープブランデー	1着
19年	±13馬スマハマ	3着
20年	－13馬エアアルマス	1着
24年	＋13馬ヴィクティファルス	3着

※10、11、14～18、21～23年は同騎手の騎乗ナシ。

武豊騎手の±4枠が3着以内
±4枠なので、ひとつの枠に絞れる

21年	±4枠メモリーコウ	3着
22年	±4枠ブルベアイリーデ	3着
23年	±4枠ハギノアレグリアス	2着
24年	±4枠ウィリアムバローズ	1着

※他に「幸英明騎手の隣枠が3着以内」も継続中。

GIII 根岸S

2025年1回東京　ダ1400m（4歳上）

正逆 3番 13番

クイーンC			根岸S		
2020年【正1番】	1着 →	2021年【正1番】	ワンダーリーデル	2着
2021年【正6番】	1着 →	2022年【逆6番】	テイエムサウスダン	1着
2022年【正13番】	1着 →	2023年【正13番】	レモンポップ	1着
2023年【正7番】	2着 →	2024年【正7番】	エンペラーワケア	1着
2024年【正13番】	1着	➡ 2025年	【正逆3番、13番】	
【正3番】	2着			

2024年 根岸S	1着⑦エンペラーワケア　（1番人気）	馬連 1660円
	2着⑯アームズレイン　（6番人気）	3連複 2070円
	3着⑩サンライズフレイム　（2番人気）	3連単 9390円

2025年1回東京
根岸S

注目サイン！

田辺裕信騎手の±3枠が3着以内
21年は1番人気レッドルゼルが順当勝ち

18年	＋3枠カフジテイク	3着
19年	－3枠ユラノト	2着
20年	＋3枠コパノキッキング	2着
21年	＋3枠レッドルゼル	1着
23年	＋3枠ギルデッドミラー	2着
24年	－3枠サンライズフレイム	3着

※22年は同騎手の騎乗ナシ。

1番人気馬か、その隣馬が3着以内
23年はのちのGⅠ馬レモンポップが完勝！

13年	ガンジス	自身	2着
14年	ブライトライン	隣馬シルクフォーチュン	3着
15年	エアハリファ	自身	1着
16年	モーニン	自身	1着
17年	カフジテイク	自身	1着
18年	サンライズノヴァ	自身	2着
19年	サンライズノヴァ	隣馬コパノキッキング	1着
20年	コパノキッキング	自身	2着
21年	レッドルゼル	自身	1着
22年	ソリストサンダー	隣馬タガノビューティー	3着
23年	レモンポップ	自身	1着
24年	エンペラーワケア	自身	1着

※05年から継続中。

石川裕紀人騎手の±3枠が3着以内
今のところ、－3枠が馬券圏内に

17年	－3枠ベストウォーリア	2着
20年	－3枠モズアスコット	1着
22年	－3枠ヘリオス	2着
	－3枠タガノビューティー	3着
24年	－3枠エンペラーワケア	1着

※18、19、21、23年は同騎手の騎乗ナシ。

GIII シルクロードS

2025年2回京都　芝1200m（4歳上）

正逆 4番 10番

函館スプリントS		シルクロードS	
2020年【正6番】 1着 →	2021年【逆6番】	シヴァージ	1着
2021年【正16番】2着 →	2022年【逆16番】	メイケイエール	1着
2022年【正7番】 1着 →	2023年【逆7番】	ファストフォース	2着
2023年【正15番】1着 →	2024年【逆15番】	ルガル	1着
2024年【正4番】 1着 　　　【正10番】2着	➡ 2025年【正逆4番、10番】		

2024年	1着④ルガル	（2番人気）	馬連 590円
シルク	2着⑬アグリ	（1番人気）	3連複 1180円
ロードS	3着⑤エターナルタイム	（3番人気）	3連単 5070円

2025年2回京都
シルクロードS

注目サイン！

トップハンデ馬の±78馬が3着以内
過去8年で1着7回！

17年	±78馬	ダンスディレクター	1着
18年	－78馬	ファインニードル	1着
19年	＋78馬	ダノンスマッシュ	1着
20年	－78馬	アウィルアウェイ	1着
21年	－78馬	ラウダシオン	3着
22年	＋78馬	メイケイエール	1着
23年	－78馬	ナムラクレア	1着
24年	＋78馬	ルガル	1着

古川吉洋騎手の±2枠が連対中
こちらも過去8回で、7回1着を指名！

15年	＋2枠	アンバルブライベン	1着
16年	＋2枠	ダンスディレクター	1着
17年	＋2枠	ダンスディレクター	1着
18年	－2枠	セイウンコウセイ	2着
19年	＋2枠	ダノンスマッシュ	1着
21年	－2枠	シヴァージ	1着
23年	－2枠	ナムラクレア	1着
24年	－2枠	ルガル	1着

※20、22年は同騎手の騎乗ナシ。

前走⑪番ゲート馬か、その隣馬が連対中
24年は1番人気アグリが2着に惜敗

17年	セイウンコウセイ	自身	2着
18年	アレスバローズ	隣馬ファインニードル	1着
20年	アウィルアウェイ	自身	1着
21年	シヴァージ	自身	1着
22年	ジャンダルム	隣馬シャインガーネット	2着
23年	シャインガーネット	隣馬ナムラクレア	1着
24年	メイショウソラフネ	隣馬アグリ	2着

※19年は該当馬の出走ナシ。他に「4歳馬が3着以内」も継続中。

GⅢ 東京新聞杯

2025年1回東京　芝1600m（4歳上）

正逆2番3番

共同通信杯	東京新聞杯		
2020年【逆4番】1着	→ 2021年【正4番】	カテドラル	2着
2021年【逆6番】1着	→ 2022年【正6番】	ファインルージュ	2着
2022年【逆2番】1着	→ 2023年【正2番】	ウインカーネリアン	1着
2023年【逆5番】1着	→ 2024年【正5番】	ウインカーネリアン	2着
2024年【逆3番】1着【逆2番】2着	➡ 2025年【正逆2番、3番】		

2024年 東京新聞杯

1着①サクラトゥジュール　（7番人気）　　馬連 11400円
2着⑤ウインカーネリアン　（4番人気）　　3連複 60250円
3着⑧ホウオウビスケッツ　（8番人気）　　3連単 604680円

2025年1回東京
東京新聞杯

注目サイン！

三浦皇成騎手の±99馬が3着以内
24年は8番人気ホウオウビスケッツ3着、3連単60万馬券！

18年	－99馬サトノアレス	2着
19年	＋99馬インディチャンプ	1着
22年	＋99馬ファインルージュ	2着
23年	－99馬ナミュール	2着
24年	＋99馬ホウオウビスケッツ	3着

※15年から継続中。20、21年は同騎手の騎乗ナシ。

C・ルメール騎手の隣枠が3着以内
21、22年は連続でカラテが馬券になる

19年	－1枠インディチャンプ	1着
20年	＋1枠シャドウディーヴァ	2着
21年	－1枠カラテ	1着
22年	＋1枠カラテ	3着
23年	＋1枠ウインカーネリアン	1着
24年	－1枠ホウオウビスケッツ	3着

4番人気か、5番人気馬が3着以内
妙味ある人気の馬が絡んで美味しい配当に

19年	4番人気サトノアレス	3着
20年	4番人気プリモシーン	1着
21年	5番人気カラテ	1着
22年	4番人気イルーシヴパンサー	1着
23年	4番人気ウインカーネリアン	1着
24年	4番人気ウインカーネリアン	2着

※17年から継続中。

坂井瑠星騎手の±34馬が3着以内
23、24年と連続でウインカーネリアンが連対

21年	＋34馬シャドウディーヴァ	3着
22年	－34馬カラテ	3着
23年	－34馬ウインカーネリアン	1着
24年	－34馬ウインカーネリアン	2着

※19年から継続中。

GIII きさらぎ賞

2025年2回京都　芝1800m(3歳)

正逆 2番 17番

京都金杯			きさらぎ賞		
2020年【正3番】	1着 →	2021年【正3番】	ヨーホーレイク	2着
2021年【正2番】	1着 →	2022年【正2番】	マレンロウレオ	1着
2022年【正7番】	1着 →	2023年【逆7番】	フリームファクシ	1着
2023年【逆10番】	1着 →	2024年【逆10番】	ウォーターリヒト	2着
2024年【正2番】	1着			
【逆17番】	1着	➡ 2025年【正逆2番、17番】		

2024年 きさらぎ賞

1着⑫ビザンチンドリーム　（1番人気）　馬連 3720円
2着③ウォーターリヒト　（10番人気）　3連複 16500円
3着⑤シヴァース　（8番人気）　3連単 49730円

2025年2回京都
きさらぎ賞

注目サイン！

逆10番が連対中
24年は10番人気ウォーターリヒトが2着、馬連3720円！

20年	逆10番ストーンリッジ	2着
21年	逆10番ラーゴム	1着
22年	逆10番マテンロウレオ	1着
23年	逆10番オープンファイア	2着
24年	逆10番ウォーターリヒト	2着

前走3着馬が3着以内
22年は8番人気メイショウゲキリンが3着、3連単2万馬券！

19年	タガノディアマンテ	2着
20年	コルテジア	1着
21年	ヨーホーレイク	2着
22年	メイショウゲキリン	3着
23年	オープンファイア	2着
24年	ウォーターリヒト	2着

松山弘平騎手の±6馬が3着以内
23年は2番人気オープンファイアが連対、馬連220円の堅い決着

18年	－6馬ラセット	3着
19年	＋6馬ダノンチェイサー	1着
20年	＋6馬ストーンリッジ	2着
21年	＋6馬ラーゴム	1着
22年	－6馬メイショウゲキリン	3着
23年	－6馬オープンファイア	2着
24年	±6馬ウォーターリヒト	2着

和田竜二騎手の±23馬が3着以内
24年は8番人気シヴァースが3着、3連単4万馬券！

19年	＋23馬ダノンチェイサー	1着
20年	＋23馬コルテジア	1着
21年	＋23馬ラーゴム	1着
23年	＋23馬フリームファクシ	1着
24年	＋23馬シヴァース	3着

※08年から継続中。

GIII クイーンC

2025年1回東京　芝1600m（3歳牝馬）

正逆 6番 13番

エプソムC			クイーンC		
2020年【正6番】	1着 →	2021年【正6番】	アカイトリノムスメ	1着
2021年【逆4番】	1着 →	2022年【逆4番】	プレサージュリフト	1着
2022年【逆7番】	1着 →	2023年【正7番】	ドゥアイズ	2着
2023年【逆3番】	1着 →	2024年【正3番】	アルセナール	2着
2024年【正6番】	1着				
【逆13番】	1着	➡ 2025年 【正逆6番、13番】			

2024年 クイーンC				
	1着⑬クイーンズウォーク	（1番人気）	馬連	870円
	2着③アルセナール	（3番人気）	3連複	1800円
	3着⑧ルージュエルテ	（4番人気）	3連単	7330円

2025年1回東京
クイーンC

注目サイン！

三浦皇成騎手の隣馬が3着以内
16年は断トツ人気のメジャーエンブレムが順当勝ち

16年	－1馬メジャーエンブレム	1着
21年	－1馬ククナ	3着
23年	－1馬モリアーナ	3着
24年	＋1馬アルセナール	2着

※17～20、22年は同騎手の騎乗ナシ。

松岡正海騎手の±2枠が3着以内
今のところ、－2枠が馬券に絡んでいる

14年	－2枠ニシノアカツキ	3着
16年	－2枠メジャーエンブレム	1着
22年	－2枠ベルクレスタ	3着
23年	－2枠ドゥアイズ	2着
24年	－2枠アルセナール	2着

※15、17～21年は同騎手の騎乗ナシ。

前走⑭番ゲート馬か、その隣馬が3着以内
23年は6番人気ハーパーが優勝、単勝1260円

16年	ロッテンマイヤー	隣馬フロンテアクイーン	2着
18年	ロフティフレーズ	隣馬アルーシャ	3着
20年	アカノジュウイチ	隣馬マジックキャッスル	2着
22年	モズゴールドバレル	隣馬スターズオンアース	2着
23年	ハーパー	自身	1着
24年	サフィラ	隣馬アルセナール	2着

※12年から継続中。17、19、21年は該当馬の出走ナシ。

田辺裕信騎手の±2枠が連対中
22年はのちの二冠牝馬スターズオンアースが2着

20年	＋2枠ミヤマザクラ	1着
21年	＋2枠アールドヴィーヴル	2着
22年	－2枠スターズオンアース	2着
23年	－2枠ハーパー	1着
24年	＋2枠アルセナール	2着

※18年から継続中。

GIII 共同通信杯

2025年1回東京　芝1800m（3歳）

正逆 1番 6番

ファンタジーS			共同通信杯		
2020年【正6番】	1着 →	2021年【逆6番】	エフフォーリア	1着
2021年【正10番】	1着 →	2022年【正10番】	ダノンベルーガ	1着
2022年【正5番】	1着 →	2023年【逆5番】	ファントムシーフ	1着
2023年【正8番】	1着 →	2024年【逆8番】	シャスティンミラノ	1着
2024年【正6番】	1着			
【正1番】	2着	➡ 2025年【正逆1番、6番】		

2024年
共同通信杯

1着⑧ジャスティンミラノ　（4番人気）　　馬連 1050円
2着⑨ジャンタルマンタル　（1番人気）　　3連複 20370円
3着⑦パワーホール　　　　（9番人気）　　3連単 110030円

2025年1回東京
共同通信杯

注目サイン！

C・ルメール騎手の±17馬が3着以内
24年はのちの皐月賞馬ジャスティンミラノが優勝

16年	－17馬イモータル	2着
17年	－17馬エトルディーニュ	2着
19年	＋17馬ダノンキングリー	1着
20年	－17馬フィリオアレグロ	3着
21年	＋17馬エフフォーリア	1着
22年	－17馬ダノンベルーガ	1着
23年	＋17馬ダノンザタイガー	3着
24年	－17馬ジャスティンミラノ	1着

※18年は同騎手の騎乗ナシ。

3番人気か4番人気馬が1着継続中
一方、15年から1番人気は10連敗

19年	3番人気ダノンキングリー	1着
20年	3番人気ダーリントンホール	1着
21年	4番人気エフフォーリア	1着
22年	3番人気ダノンベルーガ	1着
23年	3番人気ファントムシーフ	1着
24年	4番人気ジャスティンミラノ	1着

前走⑥番ゲート馬か、その隣馬が連対中
21年はのちの年度代表馬エフフォーリアが優勝

16年	ハートレー	隣馬イモータル	2着
17年	サイバーエレキング	隣馬スワーヴリチャード	1着
18年	グレイル	隣馬サトノソルタス	2着
19年	アドマイヤマーズ	自身	2着
20年	ターリントンホール	自身	1着
21年	エフフォーリア	自身	1着
22年	ダノンベルーガ	自身	1着
23年	ダノンザタイガー	自身	3着
24年	パワーホール	隣馬ジャスティンミラノ	1着

GⅡ 京都記念

2025年2回京都　芝2200m（4歳上）

正逆 7番 10番

桜花賞　　　　　京都記念

2020年【逆10番】1着 → 2021年【逆10番】ステイフーリッシュ　2着
2021年【逆1番】　2着 → 2022年【正1番】　タガノディアマンテ　2着
2022年【逆13番】2着 → 2023年【逆13番】マテンロウレオ　　　2着
2023年【逆10番】2着 → 2024年【逆10番】プラダリア　　　　　1着
2024年【逆7番】　1着
　　　【逆10番】2着　➡ 2025年【正逆7番、10番】

12 桃8	11	10 橙7	9	8 緑6	7	6 黄5	5	青4	赤3	黒2	白1
アフリカンゴールド	マテンロウレオ	ハーツクライ	シュヴァリエローズ	ルージュエヴァイユ	ジャスタウェイ	プラチナトレジャー	ナイマ	ラヴェル	ベラジオオペラ	ジェットモーション	プラダリア	ブレイヴロッカー	バビット
牡7	牡5	牡6	牡5	牝6	牡7	牝6	牝4	牡5	牡5	牡8	牡7
57	57	57	57	55	57	57	54	57	58	57	57
国分恭	横山典	西村淳	松山	和田竜	岩田康	Mデムーロ	横山和	田口	池添	酒井	団野
6300	5900	2100	6950	2450	2400	2000	5750	6450	2400	6827	5500
18,445	17,560	11,150	14,700	8222	6940	5540	15,970	19,290	5760		12,200

2024年 京都記念	1着③プラダリア	（3番人気）	馬連 460円
	2着⑤ベラジオオペラ	（1番人気）	3連複 12100円
	3着①バビット	（9番人気）	3連単 50560円

2025年2回京都
京都記念

注目サイン！

正逆274番が連対中
24年は3番人気プラダリアが快勝、単勝400円

19年	正 274番 ステイフーリッシュ	2着
20年	逆 274番 クロノジェネシス	1着
21年	逆 274番 ステイフーリッシュ	2着
22年	正 274番 タガノディアマンテ	2着
23年	正 274番 マテンロウレオ	2着
24年	逆 274番 プラダリア	1着

※17年から継続中。

前走⑫番ゲート馬が3着以内
24年は9番人気バビットが3着、3連単5万馬券！

21年	ステイフーリッシュ	2着
22年	サンレイポケット	3着
23年	プラダリア	3着
24年	バビット	3着

前走最低着順馬自身か、その隣馬が連対中
23年のドウデュース以外は隣馬が来た！

18年	ディアドラ	隣馬クリンチャー	1着
19年	パフォーマプロミス	隣馬ダンビュライト	1着
20年	ドレッドノータス	隣馬クロノジェネシス	1着
21年	ハッピーグリーン	隣馬ステイフーリッシュ	2着
22年	マカヒキ	隣馬アフリカンゴールド	1着
23年	ドウデュース	自身	1着
24年	ジェットモーション	隣馬プラダリア	1着
		隣馬ベラジオオペラ	2着

国分恭介騎手の±81馬が3着以内
22年は8番人気タガノディアマンテが2着、馬連3万馬券！

19年	＋81馬 マカヒキ	3着
22年	＋81馬 タガノディアマンテ	2着
23年	－81馬 マテンロウレオ	2着
24年	－81馬 プラダリア	1着

※14年から継続中。20、21年は同騎手の騎乗ナシ。

GⅢ ダイヤモンドS

2025年1回東京　芝3400m（4歳上）

正逆 1番 13番

クイーンC		ダイヤモンドS	
2020年【逆14番】1着 →	2021年【逆14番】オーソリティ		2着
2021年【正6番】1着 →	2022年【逆6番】テーオーロイヤル		1着
2022年【正13番】1着 →	2023年【逆13番】ミクソロジー		1着
2023年【逆8番】1着 →	2024年【正8番】サリエラ		2着
2024年【正13番】1着【逆1番】1着	➡	2025年【正逆1番、13番】	

2024年 ダイヤモンド S	1着⑨テーオーロイヤル （2番人気）	馬連 530円
	2着⑧サリエラ （1番人気）	3連複 820円
	3着⑤ワープスピード （3番人気）	3連単 3670円

2025年1回東京
ダイヤモンドS

注目サイン！

前年3着馬番の±4馬が3着以内
ここまでは－4馬、25年は①、⑨番に要注意！

22年	－4馬テーオーロイヤル	1着
23年	－4馬シルブロン	3着
24年	－4馬サリエラ	2着
25年	前年3着は⑤番なので、①番か⑨番が候補	

※19年から継続中。

最短馬名馬の隣馬が3着以内
20年は16番人気ミライヘノツバサが激勝、単勝3万馬券！

20年	バレリオ	隣馬ミライヘノツバサ	1着
21年	ボスジラ	隣馬グロンディオーズ	1着
22年	ゴースト	隣馬ランフォザローゼス	2着
23年	キスラー	隣馬シルブロン	3着
24年	サリエラ	隣馬テーオーロイヤル	1着

※18年から継続中。

騙馬か、その隣馬が3着以内
22年は11番人気ランフォザローゼスが2着、馬連万馬券！

18年	フェイムゲーム	自身	1着
21年	ヒュミドール	隣馬オーソリティ	2着
22年	ランフォザローゼス	自身	2着
23年	ヒュミドール	自身	2着
24年	ニシノレヴナント	隣馬ワープスピード	3着

※15年から継続中。19、20年は該当馬の出走ナシ。

戸崎圭太騎手の±12馬が3着以内
23年は13番人気ヒュミドールが2着、馬連万馬券！

17年	＋12馬カフジプリンス	3着
18年	＋12馬リッジマン	2着
19年	＋12馬サンデームーティエ	2着
22年	－12馬テーオーロイヤル	1着
23年	＋12馬ヒュミドール	2着
24年	－12馬テーオーロイヤル	1着

※20、21年は同騎手の騎乗ナシ。

GⅢ 京都牝馬S

2025年2回京都　芝1400m（4歳上牝馬）

正逆 5番 7番

弥生賞	京都牝馬S		
2020年【逆4番】2着 →	2021年【正4番】	イベリス	1着
2021年【逆7番】1着 →	2022年【正7番】	ロータスランド	1着
2022年【逆5番】2着 →	2023年【正5番】	ララクリスティーヌ	1着
2023年【逆7番】2着 →	2024年【逆7番】	ナムラクレア	2着
2024年【逆5番】1着 　　　【逆7番】2着	➡ 2025年 【正逆5番、7番】		

2024年
京都牝馬S

1着⑮ソーダズリング　　（2番人気）　　馬連 650 円

2着⑫ナムラクレア　　　（1番人気）　　3連複 55140 円

3着⑨コムストックロード　（16番人気）　3連単 179650 円

2025年2回京都
京都牝馬S

注目サイン！

外国人騎手の枠vs和田竜二騎手の枠
22年はワンツーで馬連2220円

20年	8枠シュタルケ枠	サウンドキアラ	1着
21年	8枠和田枠	ギルデットミラー	2着
22年	1枠ルメール枠	スカイグルーヴ	2着
	4枠和田枠	ロータスランド	1着
23年	7枠デムーロ枠	ウインシャーロット	2着
	7枠和田枠	ウインシャーロット	2着
24年	5枠ムルザバエフ枠	コムストックロード	3着
	7枠和田枠	ソーダズリング	1着

前走③番ゲート馬か、その隣馬が3着以内
なぜか2着はナシの極端傾向

17年	スナッチマインド	自身	3着
18年	ミスパンテール	自身	1着
19年	アマルフィコースト	自身	3着
20年	サウンドキアラ	自身	1着
21年	イベリス	自身	1着
22年	ドナウデルタ	隣馬タンタラス	3着
23年	スカイグルーヴ	隣馬ロータスランド	3着
24年	プレサージュリフト	隣馬コムストックロード	3着

5枠か7枠が3着以内
24年は16番人気コムストックロードが3着、3連単17万馬券！

17年	5枠レッツゴードンキ	1着
	7枠ワンスインナムーン	2着
18年	7枠デアレガーロ	2着
19年	5枠デアレガーロ	1着
	7枠リナーテ	2着
20年	5枠プールヴィル	2着
21年	7枠ブランノワール	3着
22年	7枠タンタラス	3着
23年	7枠ウインシャーロット	2着
24年	5枠コムストックロード	3着
	7枠ソーダズリング	1着

※13年から継続中。

GIII 小倉大賞典

2025年2回小倉　芝1800m（4歳上）

正逆 7番 10番

東海S　　　　　　　　　　小倉大賞典

2020年【正15番】2着　→　2021年【正15番】ボッケリーニ　　　2着
2021年【正12番】2着　→　2022年【正12番】ランブリングアレー　2着
2022年【逆6番】　2着　→　2023年【正6番】　ヒンドゥタイムズ　1着
2023年【逆12番】2着　→　2024年【正12番】エピファニー　　　1着
2024年【正10番】2着
　　　【逆7番】　2着　　➡　2025年【正逆7番、10番】

2024年 小倉大賞典

1着⑫エピファニー　（3番人気）　　馬連 2240円
2着⑪ロングラン　　（4番人気）　　3連複 22740円
3着⑨セルバーグ　　（10番人気）　3連単 106630円

2025年2回小倉
小倉大賞典

注目サイン！

ブービー人気馬の隣枠が連対中
20年は10番人気ドゥオーモが2着、馬連2万馬券！

17年	＋1枠マルターズアポジー	1着
18年	－1枠トリオンフ	1着
19年	－1枠スティッフェリオ	1着
20年	－1枠ドゥオーモ	2着
21年	＋1枠ボッケリーニ	2着
22年	＋1枠アリーヴォ	1着
23年	－1枠ヒンドゥタイムズ	1着
24年	－1枠エピファニー	1着

吉田隼人騎手の隣馬が連対中
めでたく復帰したら、ここが買いどころか

18年	－1馬クインズミラーグロ	2着
19年	＋1馬タニノフランケル	2着
20年	＋1馬ドゥオーモ	2着
21年	－1馬テリトーリアル	1着
23年	－1馬カテドラル	2着

※17年から継続中。22、24年は同騎手の騎乗ナシ。

鮫島克駿騎手の±2枠が3着以内
24年は3番人気エピファニーが快勝、単勝580円

17年	＋2枠ヒストリカル	2着
18年	＋2枠トリオンフ	1着
20年	－2枠ジナンボー	3着
24年	＋2枠エピファニー	1着

※16年から継続中。19、21～23年は同騎手の騎乗ナシ。

田辺裕信騎手の±4馬が3着以内
なかなか小倉遠征のない騎手だけに……25年は？

11年	＋4馬リルダヴァル	3着
15年	＋4馬コスモソーンパーク	2着
17年	－4馬マルターズアポジー	1着
23年	－4馬ヒンドゥタイムズ	1着

※12～14、16、18～22、24年は同騎手の騎乗ナシ。

GⅡ 中山記念

2025年2回中山　芝1800m（4歳上）

正逆 4番 7番

スプリングS			中山記念		
2020年【逆8番】	2着 →	2021年【正8番】	ヒシイグアス	1着
2021年【正6番】	2着 →	2022年【逆6番】	カラテ	2着
2022年【逆2番】	2着 →	2023年【逆2番】	ラーグルフ	2着
2023年【正10番】	2着 →	2024年【逆10番】	ドーブネ	2着
2024年【正7番】	2着			
【逆4番】	2着	➡	2025年【正逆4番、7番】	

2024年 中山記念

1着⑧マテンロウスカイ　（7番人気）　　馬連 17350円
2着⑦ドーブネ　　　　　（10番人気）　3連複 72980円
3着④ジオグリフ　　　　（4番人気）　　3連単 542050円

2025年2回中山
中山記念

注目サイン！

戸崎圭太騎手の±36馬が3着以内
24年は7番人気マテンロウスカイが優勝、単勝1610円

16年	－36馬	リアルスティール	3着
17年	－36馬	ネオリアリズム	1着
18年	＋36馬	ウインブライト	1着
19年	－36馬	ウインブライト	1着
22年	＋36馬	アドマイヤハダル	3着
24年	＋36馬	マテンロウスカイ	1着

※10年から継続中。20、21、23年は同騎手の騎乗ナシ。

戸崎圭太騎手の±61馬が3着以内
戸崎騎手絡みでは、こちらも見逃せない

18年	＋61馬	アエロリット	2着
19年	－61馬	ラッキーライラック	2着
22年	＋61馬	パンサラッサ	1着
24年	－61馬	ドーブネ	2着

※16年から継続中。20、21、23年は同騎手の騎乗ナシ。

横山典弘騎手か、その隣馬が連対中
24年はワンツーで馬連万馬券！

13年	タッチミーノット	隣馬ナカヤマナイト	1着
14年	ジャスタウェイ	自身	1着
17年	サクラアンプルール	自身	2着
18年	アエロリット	自身	2着
20年	ダノンキングリー	自身	1着
24年	マテンロウスカイ	自身	1着
		隣馬ドーブネ	2着

※15、16、19、21〜23年は同騎手の騎乗ナシ。

前年3着馬番か、その隣馬が3着以内
25年は③、④、⑤番をマークせよ！

21年	3着⑬番	→	22年	⑫番アドマイヤハダル	3着
22年	3着⑫番	→	23年	⑪番ヒシイグアス	1着
23年	3着④番	→	24年	④番ジオグリフ	3着
24年	3着④番	→	25年	③番、④番、⑤番が候補

※14年から継続中。

第4章●GⅡ・GⅢ【連対馬】的中予言～中山記念

GIII 阪急杯

2025年1回阪神　芝1400m（4歳上）

正逆 7番 10番

オーシャンS		阪急杯	
2020年【正10番】2着 →	2021年【逆10番】	レシステンシア	1着
2021年【逆14番】2着 →	2022年【逆14番】	トゥラヴェスーラ	2着
2022年【逆6番】 2着 →	2023年【逆6番】	アグリ	1着
2023年【正1番】 2着 →	2024年【正1番】	ウインマーベル	1着
2024年【正10番】2着【逆7番】 2着	➡ 2025年	【正逆7番、10番】	

2024年 阪急杯

1着①ウインマーベル　（1番人気）　　馬連 1000円
2着⑯アサカラキング　（3番人気）　　3連複 7140円
3着②サンライズロード（9番人気）　　3連単 26000円

2025年1回阪神
阪急杯

注目サイン！

正逆57番が3着以内
22年は9番人気トゥラヴェスーラが2着、馬連3090円！

19年	正57番ロジクライ	3着
20年	正57番ダイアトニック	3着
21年	正57番ミッキーブリランテ	2着
22年	正57番トゥラヴェスーラ	2着
23年	正57番アグリ	1着
24年	逆57番アサカラキング	2着

前走②番ゲート馬か、その隣馬が連対中
24年は2番人気アサカラキング2着、馬連1000円

19年	ミスターメロディ	隣馬スマートオーディン	1着
20年	ニシノフラッシュ	隣馬ベストアクター	1着
21年	レシステンシア	自身	1着
22年	グルーヴィット	隣馬トゥラヴェスーラ	2着
23年	ロードベイリーフ	隣馬ダディーズビビッド	2着
24年	ダノンティンパニー	隣馬アサカラキング	2着

馬名頭文字「タ」馬が3着以内
17年は12番人気ナガラオリオンが3着、3連単248万馬券！

17年	ダイシンサンダー	隣馬ナガラオリオン	3着
18年	ダイアナヘイロー	自身	1着
19年	タイムトリップ	隣馬ロジクライ	3着
20年	ダイアトニック	自身	3着
21年	タマモメイトウ	隣馬レシステンシア	1着
22年	タイセイビジョン	隣馬ダイアトニック	1着
23年	ダディーズビビッド	自身	2着
24年	ダノンティンパニー	隣馬アサカラキング	2着

※15年から継続中。「ダ」も対象。

前走1着馬がまた3着以内
24年は1番人気ウインマーベルが順当勝ち

22年	サンライズオネスト	3着
23年	アグリ	1着
24年	ウインマーベル	1着

※20年から継続中。他に「和田竜二騎手の±15馬が3着以内」も継続中。

GIII オーシャンS

2025年2回中山　芝1200m（4歳上）

正逆 3番 7番

ニュージーランドT		オーシャンS		
2020年【正14番】2着	→	2021年【逆14番】	カレンモエ	2着
2021年【正6番】1着	→	2022年【逆6番】	ナランフレグ	2着
2022年【正1番】2着	→	2023年【正1番】	ディヴィナシオン	2着
2023年【正15番】2着	→	2024年【正15番】	トウシンマカオ	1着
2024年【正7番】1着				
【正3番】2着	➡	2025年【正逆3番、7番】		

2024年 オーシャンS	1着⑮トウシンマカオ （1番人気）	馬連 770円
	2着⑩ビッグシーザー （2番人気）	3連複 2760円
	3着①バースクライ （3番人気）	3連単 7720円

2025年2回中山
オーシャンS

注目サイン！

マル外馬か、その隣馬が連対中
18年は10番人気キングハートが爆勝、単勝3130円！

15年	リトルゲルダ	隣馬ハクサンムーン	2着
16年	エイシンブルズアイ	自身	1着
17年	メグラーナ	自身	1着
18年	リエノテソーロ	隣馬キングハート	1着
19年	モズスーパーフレア	自身	1着
22年	ジャンダルム	自身	1着
23年	マリアズハート	隣馬ディヴィナシオン	2着
24年	シュバルツカイザー	隣馬ビッグシーザー	2着

馬名頭文字か末尾「ク」馬か、その隣馬が3着以内
23年は15番人気ディヴィナシオンが2着、馬連3万馬券！

20年	クールティアラ	隣馬タワーオブロンドン	3着
21年	コントラチェック	自身	1着
22年	ナランフレグ	自身	2着
23年	ナランフレグ	隣馬ディヴィナシオン	2着
24年	シナモンスティック	隣馬トウシンマカオ	1着
		隣馬バースクライ	3着

※「グ」も対象。

最高齢馬の隣枠が3着以内
19年以外は連対している、見逃せないセオリー

18年	スノードラゴン	＋1枠ナックビーナス	2着
19年	スノードラゴン	－1枠ダイメイフジ	3着
20年	ティーハーフ	－1枠ダノンスマッシュ	1着
21年	ナリタスターワン	＋1枠カレンモエ	2着
22年	ダイメイフジ	＋1枠ジャンダルム	1着
23年	カイザーメランジェ	＋1枠ヴェントヴォーチェ	1着
24年	カイザーメランジェ	－1枠ビッグシーザー	2着

第4章●GⅡ・GⅢ【連対馬】的中予言～オーシャンS　155

GⅡ チューリップ賞

2025年1回阪神　芝1600m（3歳牝馬）

正逆 1番 13番

クイーンC			チューリップ賞		
2020年【正1番】	1着	→	2021年【正1番】	メイケイエール	1着
2021年【正6番】	1着	→	2022年【逆6番】	ナミュール	1着
2022年【正13番】	1着	→	2023年【正13番】	コナコースト	2着
2023年【正9番】	1着	→	2024年【逆9番】	セキトバイースト	2着
2024年【正13番】	1着	➡	2025年	【正逆1番、13番】	
【正1番】	2着				

2024年 チューリップ賞		
1着⑥スウィープフィート	（5番人気）	馬連 17730円
2着⑧セキトバイースト	（9番人気）	3連複 381980円
3着⑪ハワイアンティアレ	（15番人気）	3連単 1693290円

2025年1回阪神
チューリップ賞

注目サイン！

武豊騎手の±144馬が3着以内
今のところ6連続で＋144馬、16頭なら自己指名になる

19年	＋144馬 ノーブルスコア	3着
20年	＋144馬 クラヴァシュドール	2着
21年	＋144馬 メイケイエール	1着
22年	＋144馬 サークルオブライフ	3着
23年	＋144馬 ペリファーニア	3着
24年	＋144馬 スウィープフィート	1着

前年1着馬番の±95馬が3着以内
25年は16頭立てなら⑤番か⑦番に白羽の矢

21年	－95馬 ストゥーティ	3着
22年	＋95馬 ナミュール	1着
23年	－95馬 コナコースト	2着
24年	＋95馬 セキトバイースト	2着
25年	24年1着⑥番の95隣馬が候補。16頭立てなら⑤番か⑦番が候補	

※17年から継続中。

正逆73番が3着以内
24年は9番人気セキトバイーストが2着、馬連万馬券！

21年	正73番 メイケイエール	1着
22年	逆73番 サークルオブライフ	3着
23年	逆73番 コナコースト	2着
24年	逆73番 セキトバイースト	2着

馬名頭文字か末尾「ル」馬か、その隣馬が連対中
22年は1番人気ナミュールが順当勝ち

20年	クラヴァシュドール	自身	2着
21年	メイケイエール	自身	1着
22年	ナミュール	自身	1着
23年	ルカン	隣馬コナコースト	2着
24年	スティールブルー	隣馬セキトバイースト	2着

※「ルー」も対象。

GⅡ 弥生賞 ディープインパクト記念

2025年2回中山　芝2000m（3歳）

正逆 2番 8番

ダイヤモンドS		弥生賞	
2020年【逆1番】1着	→	2021年【逆1番】シュネルマイスター	2着
2021年【逆7番】1着	→	2022年【正7番】ドウデュース	2着
2022年【逆6番】1着	→	2023年【正6番】タスティエーラ	1着
2023年【正5番】2着	→	2024年【正5番】シンエンペラー	2着
2024年【正8番】2着 【逆2番】1着	➡	2025年 【正逆2番、8番】	

	11桃	8	10	9橙	7	8	緑6	5	黄5	青4	赤3	黒2	白1
	ニシノフィアンス		サトノダイヤモンド未勝	ファビュラスター	エピファネイア	モーリス	シリウスコルト	オールドフレイム3勝	コスモキュランダ	サザンスピード⑭	シャルマントサッド	マクフィ⑭	トロヴァトーレ	レイデオロ⑭	シンエンペラー(外)	スターレッツシスター愛勝	エコロレイズ	ペプルガーデン未勝	シュバルツクーゲル	ジュニー	ショーコ英②	キズナ⑭	レッドテリオス	ジャスタウェイ	ソベラニア	アドミラルシップ	ゴールドシップ	ヴィーヴァブーケ1勝
	鹿57牝3		鹿57牝3			鹿57牝3	青鹿57牝3		栗57牝3		黒鹿57牝3	栗57牝3		
	内田博		横山武	キング		三浦	Mデムーロ		ルメール		川田	横山和	西村淳	津村	戸崎圭
	竹		萩原	堀		宗像	加藤士		鹿戸雄		矢作	岩戸	鹿戸雄	古賀慎	相沢
	400		900	1200		1000	900		900		3400	400	1150	400	400
	1130		1500	2420		2630	1163		1790		6820	1030	2220	620	1820
	西山茂行		前田幸貴	ダノックス		飯田正剛	ビッグレッド		サンデーR		藤田晋	原村正紀	G1レーシング	東京HR	芹澤精一
	フォオカF		岡田S	ノーザンF		千代田牧場	ビッグレッドF		ノーザンF		ランス	タイヘイ牧	白老F	社台F	杵臼牧場

2024年
弥生賞

1着⑦コスモキュランダ　（6番人気）　　馬連 4250 円

2着⑤シンエンペラー　（3番人気）　　3連複 33030 円

3着⑧シリウスコルト　（9番人気）　　3連単 301710 円

2025年2回中山
弥生賞

注目サイン！

正逆7番が連対中
24年は正逆ワンツーで馬連4250円！

21年	逆7番タイトルホルダー	1着
22年	正7番ドウデュース	2着
23年	逆7番トップナイフ	2着
24年	正7番コスモキュランダ	1着
	逆7番シンエンペラー	2着

ホープフルSの2～5着馬が3着以内
狙い目だが、1着は21年のタイトルホルダーのみ

18年	ジャンダルム	3着	（ホープフルS2着）
19年	ブレイキングドーン	3着	（ホープフルS5着）
20年	ワーケア	2着	（ホープフルS3着）
21年	タイトルホルダー	1着	（ホープフルS4着）
22年	ボーンディスウェイ	3着	（ホープフルS5着）
23年	トップナイフ	2着	（ホープフルS2着）
24年	シンエンペラー	2着	（ホープフルS2着）

川田将雅騎手の±20馬が3着以内
22年はのちの菊花賞馬アスクビクターモアが快勝！

17年	＋20馬カデナ	1着
18年	±20馬ダノンプレミアム	1着
21年	±20馬ダノンザキッド	3着
22年	＋20馬アスクビクターモア	1着
24年	－20馬コスモキュランダ	1着

※14年から継続中。19、20、23年は同騎手の騎乗ナシ。

武豊騎手か、その隣馬が3着以内
22年は自らドウデュースとのコンビで2着

18年	ジャンダルム	自身	3着
19年	サトノラディウス	隣馬シュヴァルツリーゼ	2着
20年	サトノフラッグ	自身	1着
22年	ドウデュース	自身	2着
23年	ゴッドファーザー	隣馬コスモキュランダ	1着

※15年から継続中。21、24年は同騎手の騎乗ナシ。

GIII 中山牝馬S

2025年2回中山　芝1800m（4歳上牝馬）

正逆 5番 7番

弥生賞		中山牝馬S	
2020年【逆4番】2着	→	2021年【逆4番】ランブリングアレー	1着
2021年【逆1番】2着	→	2022年【逆1番】クリノプレミアム	1着
2022年【正7番】2着	→	2023年【逆7番】スルーセブンシーズ	1着
2023年【逆7番】2着	→	2024年【正7番】コンクシェル	1着
2024年【正5番】2着	➡	2025年【正逆5番、7番】	
【逆7番】2着			

2024年 中山牝馬S	1着⑦コンクシェル（5番人気）	馬連 4820円
	2着⑭ククナ　　　（4番人気）	3連複 18930円
	3着⑤シンリョクカ（6番人気）	3連単 106930円

2025年2回中山
中山牝馬S

注目サイン！

ターコイズSか愛知杯の連対馬が3着以内
24年は4番人気ククナが2着、馬連4820円！

20年	エスポワール	（前走ターコイズS 2着）	自身	3着
21年	ランブリングアレー	（前走愛知杯　　2着）	自身	1着
22年	ミスニューヨーク	（前走ターコイズS 1着）	自身	3着
23年	アートハウス	（前走愛知杯　　2着）	隣馬サトノセシル	3着
24年	フィアスプライド	（前走ターコイズS 1着）	隣馬ククナ	2着

馬名頭文字「フ」馬か、その隣馬が3着以内
22年は超人気薄のワンツーで馬連10万馬券！

19年	フロンテアクイーン	自身	1着
20年	フィリアプーラ	隣馬フェアリーポルカ	1着
21年	フェアリーポルカ	自身	3着
22年	フェアリーポルカ	隣馬クリノプレミアム	1着
		隣馬アブレイズ	2着
24年	フィアスプライド	隣馬ククナ	2着

※14年から継続中。「ブ、プ」も対象。23年は該当馬の出走ナシ。

松岡正海騎手の±34馬が3着以内
24年は6番人気シンリョクカが3着、3連単10万馬券！

18年	－34馬フロンテアクイーン	2着
19年	＋34馬アッフィラート	3着
22年	－34馬アブレイズ	2着
23年	－34馬スルーセブンシーズ	1着
24年	＋34馬シンリョクカ	3着

※14年から継続中。20、21年は同騎手の騎乗ナシ。

6番人気馬か、その隣馬が3着以内
近4年は連続3着、3連系馬券のおともに

20年	フィリアプーラ	隣馬フェアリーポルカ	1着
21年	フェアリーポルカ	自身	3着
22年	ドナアトラエンテ	隣馬ミスニューヨーク	3着
23年	サトノセシル	自身	3着
24年	シンリョクカ	自身	3着

※18年から継続中。

GⅢ フィリーズレビュー

2025年1回阪神　芝1400m（3歳牝馬）

正逆 2番 6番

葵S				フィリーズレビュー		
2020年【逆5番】	1着	→	2021年【正5番】	シゲルピンクルビー		1着
2021年【逆12番】	1着	→	2022年【逆12番】	サブライムアンセム		1着
2022年【逆12番】	2着	→	2023年【正12番】	シングザットソング		1着
2023年【逆4番】	1着	→	2024年【正4番】	エトヴプレ		1着
2024年【逆2番】	1着	➡	2025年	【正逆2番、6番】		
【逆6番】	2着					

2024年	1着④エトヴプレ	（11番人気）	馬連 3010円
フィリーズ	2着①コラソンビート	（1番人気）	3連複 29030円
レビュー	3着⑦セシリエプラージュ	（12番人気）	3連単 197830円

2025年1回阪神
フィリーズレビュー

注目サイン！

前走5着馬か、その隣馬が3着以内
20年は12番人気ナイントゥファイブが3着、3連単11万馬券！

20年	ヤマカツマーメイド	自身	2着
		隣馬ナイントゥファイブ	3着
21年	ヨカヨカ	自身	2着
22年	ナムラクレア	自身	2着
23年	ジューンオレンジ	自身	3着
24年	シカゴスティング	隣馬セシリエプラージュ	3着

松若風馬騎手の±14馬が3着以内
24年は12番人気セシリエプラージュが3着、3連単19万馬券！

17年	＋14馬ゴールドケープ	3着
19年	－14馬ノーワン	1着
21年	＋14馬シゲルピンクルビー	1着
22年	＋14馬サブライムアンセム	1着
24年	＋14馬セシリエプラージュ	3着

※18、20、23年は同騎手の騎乗ナシ。

鮫島克駿騎手の隣馬が3着以内
23年は2番人気シングザットソング優勝、単勝480円

18年	－1馬リバティハイツ	1着
19年	－1馬プールヴィル	1着
23年	－1馬シングザットソング	1着
24年	＋1馬セシリエプラージュ	3着

※20〜22年は同騎手の騎乗ナシ。

石橋脩騎手の±2枠が3着以内
果たして25年の関西遠征はあるのか

11年	－2枠フレンチカクタス	1着
12年	＋2枠アイムユアーズ	1着
17年	－2枠レーヌミノル	2着
19年	－2枠ノーワン	1着
23年	＋2枠ジューンオレンジ	3着

※13〜16、18、20〜22、24年は同騎手の騎乗ナシ。

GⅡ 金鯱賞

2025年2回中京 芝2000m(4歳上)

正逆 7番 13番

函館スプリントS				金鯱賞			
2020年【逆1番】	2着	→	2021年【正1番】	デアリングタクト	2着
2021年【逆3番】	1着	→	2022年【正3番】	ジャックドール	1着
2022年【逆10番】	1着	→	2023年【正10番】	フェーングロッテン	2着
2023年【逆10番】	2着	→	2024年【逆10番】	プログノーシス	1着
2024年【逆13番】	1着				
【逆7番】	2着	➡	2025年	【正逆7番、13番】

2024年 金鯱賞

1着④プログノーシス（2番人気）　馬連 280円
2着③ドゥレッツァ（1番人気）　3連複 1840円
3着⑥ヨーホーレイク（6番人気）　3連単 6100円

2025年2回中京
金鯱賞

注目サイン！

1番人気馬が3着以内
19年以外は連対、堅いレース傾向を表す

17年	ヤマカツエース	1着
18年	スワーヴリチャード	1着
19年	エアウィンザー	3着
20年	サートゥルナーリア	1着
21年	デアリングタクト	2着
22年	ジャックドール	1着
23年	プログノーシス	1着
24年	ドゥレッツア	2着

頭文字か末尾「ア」馬か、その隣馬が3着以内
24年は1番人気ドゥレッツアが2着に惜敗

18年	アクションスター	隣馬スワーヴリチャード	1着
19年	アルアイン	隣馬リスグラシュー	2着
20年	サートゥルナーリア	自身	1着
22年	アカイイト	自身	3着
23年	アラタ	自身	3着
24年	ドゥレッツア	自身	2着

※17年から継続中。「ァ」も対象。

C・ルメール騎手の±26馬が連対中
今のところ、+26馬のみが馬券に絡んでいる

18年	＋26馬サトノノブレス	2着
20年	＋26馬サトノソルタス	2着
21年	＋26馬ギベオン	1着
24年	±26馬ドゥレッツア	2着

※17年から継続中。19、22、23年は同騎手の騎乗ナシ。

前走⑤番ゲート馬か、その隣馬が3着以内
5頭中4頭がGI馬

21年	デアリングタクト	自身	2着
		隣馬ポタジェ	3着
22年	ステラリア	隣馬レイパパレ	2着
23年	フェーングロッテン	自身	2着
24年	ワイドエンペラー	隣馬ドゥレッツア	2着

第4章●GⅡ・GⅢ【連対馬】的中予言～金鯱賞　165

GIII フラワーC

2025年2回中山　芝1800m（3歳牝馬）

正逆 4番 15番

ダービー			フラワーC	
2020年【逆7番】	2着	→	2021年【正7番】エンスージアズム	2着
2021年【正1番】	2着	→	2022年【正1番】スタニングローズ	1着
2022年【逆1番】	2着	→	2023年【逆1番】ヒップホップソウル	2着
2023年【正5番】	2着	→	2024年【正5番】ミアネーロ	1着
2024年【正15番】	2着	➡	2025年【正逆4番、15番】	
【逆4番】	2着			

2024年 フラワーC

1着⑤ミアネーロ　　（2番人気）　　馬連 4590円
2着⑨ホーエリート　（9番人気）　　3連複 6650円
3着②カンティアーモ（3番人気）　　3連単 34620円

2025年2回中山
フラワーC

注目サイン！

正逆212番が3着以内
22年は9番人気ニシノラブウインクが2着、馬連5950円！

18年	逆212番カンタービレ	1着
19年	正212番コントラチェック	1着
20年	逆212番アブレイズ	1着
21年	逆212番ユーバーレーベン	3着
22年	逆212番ニシノラブウインク	2着
23年	正212番エミュー	1着
24年	逆212番ミアネーロ	1着

田辺裕信騎手の±61馬が3着以内
24年は1番人気カンティアーモが3着に敗れる波乱

12年	＋61馬オメガハートランド	1着
14年	＋61馬バウンスシャッセ	1着
17年	－61馬シーズララバイ	2着
20年	＋61馬シーズンズギフト	3着
23年	－61馬ヒップホップソウル	2着
24年	＋61馬カンティアーモ	3着

※13、15、16、18、19、21、22年は同騎手の騎乗ナシ。

C・ルメール騎手の±7馬が3着以内
24年は8番人気ホーエリート2着、馬連4590円！

17年	＋7馬ファンディーナ	1着
22年	－7馬ニシノラブウインク	2着
23年	＋7馬パルクリチュード	3着
24年	＋7馬ホーエリート	2着

※18～21年は同騎手の騎乗ナシ。

戸崎圭太騎手の隣馬が3着以内
23年は8番人気ヒップホップソウルが2着、馬連4980円！

15年	－1馬アルビアーノ	1着
16年	＋1馬ゲッカコウ	2着
23年	－1馬ヒップホップソウル	2着
24年	－1馬ミアネーロ	1着

※17～22年は同騎手の騎乗ナシ。

GIII ファルコンS

2025年2回中京　芝1400m（3歳）

正逆 3番 12番

愛知杯 → ファルコンS

- 2020年【逆12番】1着 → 2021年【逆12番】グレナディアガーズ　2着
- 2021年【逆1番】1着 → 2022年【正1番】ルークズネスト　1着
- 2022年【逆13番】2着 → 2023年【逆13番】カルロヴェローチェ　2着
- 2023年【逆3番】2着 → 2024年【逆3番】ダノンマッキンリー　1着
- 2024年【逆3番】1着
  【逆12番】2着
  ➡ 2025年【正逆3番、12番】

2024年 ファルコンS

- 1着⑮ダノンマッキンリー（7番人気）　馬連 9870円
- 2着⑥オーキッドロマンス（5番人気）　3連複 5930円
- 3着⑨ソンシ（1番人気）　3連単 69450円

2025年2回中京
ファルコンS

注目サイン！

正逆88番が3着以内
24年は7番人気ダノンマッキンリー優勝、単勝1360円

21年	正88番モントライゼ	3着
22年	逆88番タイセイディバイン	2着
23年	正88番サウザンサニー	3着
24年	逆88番ダノンマッキンリー	1着

前年2着枠の±2枠が連対中
25年は1、5枠をマークせよ！

19年	2着7枠	→	20年	5枠2着
20年	2着5枠	→	21年	3枠2着
21年	2着3枠	→	22年	1枠1着
22年	2着2枠	→	23年	4枠1着
23年	2着2枠	→	24年	8枠1着
24年	2着3枠	→	25年	1枠、5枠が候補

馬名頭文字「ウ」馬の隣馬が3着以内
22年はワンツーで馬連万馬券！

20年	ウイングレイテスト	隣馬ヴェスターヴァルト	3着
21年	ヴィジェネル	隣馬ルークズネスト	1着
22年	ヴィアドロローサ	隣馬プルパレイ	1着
		隣馬タイセイディバイン	2着
23年	ウメムスビ	隣馬カルロヴェローチェ	2着
		隣馬サウザンサニー	3着
24年	ヴァルドルチャ	隣馬ソンシ	3着

※「ヴ」も対象。

武豊騎手の±32馬が連対中
23年は8番人気タマモブラックタイが優勝、単勝2720円！

18年	±32馬アサクサゲンキ	2着
20年	＋32馬シャインガーネット	1着
22年	－32馬タイセイディバイン	2着
23年	＋32馬タマモブラックタイ	1着

※19、21、24年は同騎手の騎乗ナシ。

第4章●GⅡ・GⅢ【連対馬】的中予言〜ファルコンS　169

GⅡ スプリングS

2025年2回中山　芝1800m(3歳)

正逆 1番 7番

アンタレスS			スプリングS		
2020年【逆6番】	2着	→	2021年【正6番】	アサマノイタズラ	2着
2021年【逆13番】	1着	→	2022年【逆13番】	ビーアストニッシド	1着
2022年【逆4番】	2着	→	2023年【正4番】	ベラジオオペラ	1着
2023年【逆7番】	2着	→	2024年【逆7番】	シックスセンス	1着
2024年【逆7番】	1着				
【逆1番】	2着	➡	2025年	【正逆1番、7番】	

2024年 スプリングS	1着④シックスペンス　　（1番人気）　　馬連 4920円
	2着⑦アレグロブリランテ　（9番人気）　　3連複 9100円
	3着②ルカランフィースト　（4番人気）　　3連単 53380円

2025年2回中山
スプリングS

注目サイン！

正逆77番が連対中
24年は正逆ワンツーで馬連4920円！

20年	正77番ガロアクリーク	1着
21年	逆77番ヴィクティファルス	1着
22年	正77番アライバル	2着
23年	逆77番ベラジオオペラ	1着
24年	逆77番シックスペンス	1着
	正77番アレグロブリランテ	2着

戸崎圭太騎手の±43馬が3着以内
4年続けて－43馬が馬券圏内に

21年	－43馬アサマノイタズラ	2着
22年	－43馬サトノヘリオス	3着
23年	－43馬ベラジオオペラ	1着
24年	－43馬アレグロブリランテ	2着

大野拓弥騎手の±15馬が3着以内
22年は6番人気サトノヘリオスが3着、3連単4万馬券！

17年	＋15馬ウインブライト	1着
18年	＋15馬ステルヴィオ	1着
19年	＋15馬ディキシーナイト	3着
22年	－15馬サトノヘリオス	3着
23年	＋15馬ホウオウビスケッツ	2着

※20、21、24年は同騎手の騎乗ナシ。

岩田康誠騎手の±2枠が3着以内
24年は1番人気シックスペンスが順当勝ち

09年	－2枠レッドスパーダ	2着
12年	＋2枠グランデッツァ	1着
13年	＋2枠タマモベストプレイ	2着
22年	＋2枠サトノヘリオス	3着
23年	＋2枠ベラジオオペラ	1着
24年	－2枠シックスペンス	1着

※10、11、14～21年は同騎手の騎乗ナシ。

GⅡ 阪神大賞典

2025年1回阪神　芝3000m（4歳上）

正逆 6番 10番

スプリンターズS			阪神大賞典		
2019年【正8番】	1着	→	2021年【逆8番】	ディープボンド	1着
2020年【正3番】	2着	→	2022年【逆3番】	ディープボンド	1着
2021年【正12番】	2着	→	2023年【逆12番】	ジャスティンパレス	1着
2022年【正7番】	2着	→	2024年【逆7番】	ワープスピード	2着
2023年【正6番】	1着	➡	2025年	【正逆6番、10番】	
【正10番】	2着				

2024年 阪神大賞典

1着⑥テーオーロイヤル	（2番人気）	馬連 1590円
2着⑨ワープスピード	（6番人気）	3連複 1770円
3着②ブローザホーン	（1番人気）	3連単 10660円

2025年1回阪神
阪神大賞典

注目サイン！

馬名頭文字「ア」馬の隣馬が連対中
23年は1番人気ボルドグフーシュが2着に惜敗

19年	アドマイヤエイカン	隣馬シャケトラ	1着
21年	アドマイヤジャスタ	隣馬ディープボンド	1着
22年	アドマイヤアルバ	隣馬ディープボンド	1着
23年	アケルナルスター	隣馬ボルドグフーシュ	2着
24年	アンタンスルフレ	隣馬テーオーロイヤル	1着

※20年は該当馬の出走ナシ。

馬名末尾「ル」馬か、その隣馬が3着以内
ユーキャンスマイル5連発！自身でも2回激走

16年	トーホウジャッカル	隣馬アドマイヤデウス	3着
17年	トーセンバジル	自身	3着
18年	サトノクロニクル	自身	2着
19年	ロードヴァンドール	自身	3着
20年	ユーキャンスマイル	自身	1着
21年	ユーキャンスマイル	自身	2着
22年	ユーキャンスマイル	隣馬アイアンバローズ	2着
23年	ユーキャンスマイル	隣馬ジャスティンパレス	1着
24年	ユーキャンスマイル	隣馬テーオーロイヤル	1着

和田竜二騎手の±22隣馬が3着以内
24年は6番人気ワープスピードが2着、馬連1590円

21年	－22	馬ユーキャンスマイル	2着
22年	＋22	馬アイアンバローズ	2着
23年	＋22	馬ブレークアップ	3着
24年	－22	馬ワープスピード	2着

川田将雅騎手の枠が3着以内
22年は自身騎乗の3番人気シルヴァーソニックで3着入線

18年	レインボーライン	1着
20年	ユーキャンスマイル	1着
22年	シルヴァーソニック	3着
23年	ボルドグフーシュ	2着
24年	ワープスピード	2着

※19、21年は同騎手の騎乗ナシ。

★伊藤雨氷(いとう・うひょ)

　本名／伊藤一樹（いとうかずき）。名古屋市在住。昭和40年生まれ。平成5年のオークスの日、悪友に無理やりウインズ名古屋に連れて行かれたのが競馬との出会い。当初は教えられた通りに正統派予想で戦っていたが、あるときから上位人気馬が平然と消えていく日常に疑問を感じ、サイン読み、裏読みに傾倒していく。

「日本の競馬は数字を駆使したシナリオが、あらかじめ決められている」という確信を得て、平成7年にリンク理論を確立。

　独自開発した解析ソフトを用い、多数の高配当的中実績を持つ。本書を含め54冊の著作がある。

ホームページ

■サイン通信

https://signpress02.net/main/

■サイン通信　避難所（本館が閲覧できない場合はこちらへ）

https://www.kikuya-rental.com/bbs/?owner_name=omake10

ネット会員募集中

　毎週の旬のサインとデータと参考の買い目を、インターネットで配信します。スマホ、タブレット、パソコンなどネットに接続できる環境が必要です。

ネット会員　8日間 22,000 円　携帯、スマホ、PCをご用意ください。
ソフト会員　8日間 24,200 円　（割引あり）PCか携帯で閲覧できます。
ＧＩサイン会員（お得）春季、秋季各 24,200 円（割引あり）

　ネット会員の方には、各レースの詳しいサインの解説、最新の旬のサインをお届けします。
　ソフト会員の方には、自動サイン読みソフトによる買い目の提供です。

会員情報のサンプルは、ホームページ内の説明掲示板に用意してありますので、自由にご覧ください。初心者の方には、ネット会員がお薦めです。
　詳しくは、下記までメールでお問い合わせください。
Ｅメール　　itou@proof.ocn.ne.jp
〒451－0015　愛知県名古屋市西区香呑町4－65－203
　　　　　サイン通信　代表　伊藤一樹

読者プレゼントのお知らせ

　旬のサインをプレゼント致します。ご希望の方は応募券を切り取り、サイン通信事務所まで封書（ハガキは不可）でお送りください。（誤って出版社に送られても転送できません）。

　住所、氏名、電話番号、メールアドレスを楷書でていねいに大きくお書きください。携帯の方は受信許可設定にしてください。

　メールがない方は遅くなりますが、郵送でも対応致します。郵送希望の方は560円分の切手を同封してください。今回からは第1章で説明したように、レターパックライトでお送りします。

　昨今、メールの届かない方、こちらへの郵便が迷子になる方が増えております。メールか郵送、いずれにお申込みの方も、必ず「封筒の外側」に住所、氏名をお書きください。

　1枚の応募券で、メールか郵送のどちらかにのみ応募できます。

　有効期限は3回目の締切日まで。最新刊以外の応募券は無効です。
　締め切りは1回目が2024年10月28日。2回目が11月15日、3回目が12月13日の消印有効です。各回の締め切り後、1週間程度でお送りいたします。
　各回内容が異なります。2回分をご希望の方は、2冊分の応募券を、3回ともご希望の方は3冊分の応募券をお送りください。対象レースは、こちらで選択いたします。
　おまけの発送状況は、サイン通信のホームページでお知らせいたします。
　各回の締め切りから10日を過ぎても返信未着の場合は、速やかにメールか封書でお申し出ください。

☆データ協力
立山輝　　　ひで乃助
ｓｕｇａｒ　　ロイズ
いいなみ　　さる
小圷知明

■2025年上半期対応の「リンク馬券術」は25年3月上旬発売予定です。

●著者紹介

伊藤雨氷（いとう・うひょ）

本名／伊藤一樹（いとう・かずき）。名古屋市在住。昭和40年生まれ。平成5年のオークスの日、悪友に無理やりウインズ名古屋に連れて行かれたのが競馬との出会い。当初は教えられた通りに正統派予想で戦っていたが、あるときから上位人気馬が平然と消えていく日常に疑問を感じ、サイン読み、裏読みに傾倒していく。「日本の競馬は数字を駆使したシナリオが、あらかじめ決められている」という確信を得て、平成7年にリンク理論を確立。独自開発した解析ソフトを用い、多数の高配当的中実績を持つ。本書を含め54冊の著作がある。

すべてお見通し！リンク馬券術

発行日　2024年9月20日　　　　　　　第1版第1刷

著　者　伊藤　雨氷

発行者　斉藤　和邦

発行所　株式会社　秀和システム
　　　　〒135－0016
　　　　東京都江東区東陽2-4-2　新宮ビル2F
　　　　Tel 03-6264-3105（販売）Fax 03-6264-3094

印刷所　日経印刷株式会社　Printed in Japan

ISBN978-4-7980-7356-9 C0075

定価はカバーに表示してあります。
乱丁本・落丁本はお取りかえいたします。
本書に関するご質問については、ご質問の内容と住所、氏名、電話番号を明記のうえ、当社編集部宛ＦＡＸまたは書面にてお送りください。お電話による質問は受け付けておりませんのであらかじめご了承ください。